Schlank mit Stäbchen

Kimiko Barber

Fotos Jean Cazals

# Schlank mit Stäbchen

110 leichte Rezepte

**CHRISTIAN VERLAG**

Unser Verlagsprogramm finden Sie unter
www.christian-verlag.de

Übersetzung aus dem Englischen: Natascha Afanassjew
Textredaktion: Anja Ashauer-Schupp
Korrektur: Petra Tröger
Satz und Umschlaggestaltung: Carmen Marchwinski

Design: Lisa Pettibone
Fotos: Jean Cazals
Foodstyling: Marie-Ange La Pierre

Die Deutsche Bibliothek – CIP Einheitsaufnahme
Ein Titeldatensatz für diese Publikation ist bei der
Deutschen Bibliothek erhältlich.

Printed in Singapore by Tien Wah Press

ISBN 978-3-88472-941-0

Alle Angaben in diesem Werk wurden von der Autorin
sorgfältig recherchiert und auf den aktuellen Stand
gebracht sowie vom Verlag geprüft. Für die Richtigkeit der
Angaben kann jedoch keinerlei Haftung übernommen
werden. Für Hinweise und Anregungen sind wir jederzeit
dankbar. Bitte richten Sie diese an:
Christian Verlag
Postfach 400209
80702 München
E-Mail: info@christian-verlag.de

## Danksagung

Mein Dank gilt zuallererst Kyle Cathie, die mich mit diesem
Buchprojekt betraut und mit viel ermunternder
Hilfsbereitschaft begleitet hat.

Auch bei Ivan Mulcahy möchte ich mich für seine unter-
stützende Beratung bedanken.

Ein großes Dankeschön geht zudem an das gesamte Team
von Kyle Cathie; an die enthusiastische und stets fröhliche
Redakteurin Sophie Allen; an die Stylistin Wei Tang, die ver-
mutlich alle Arten von Essstäbchen, die man in London
bekommen kann, ausfindig gemacht hat; und an die
Designerin Lisa Pettibone. Es hat mir außerdem große
Freude bereitet, mit einem französischen Fotografen- und
Food-Stylisten-Team zusammenzuarbeiten – ein besonderes
Dankeschön an Jean Cazals für die wunderschönen Fotos
und an Marie-Ange Lapierre für das Food-Styling.

Zu guter Letzt bedanke ich mich auch noch ganz herzlich
bei meinem Ehemann Stephen.

Die verwendete Keramik auf den Seiten 81, 87, 98, 136,
141 und 153 wurde von der Autorin selbst angefertigt.

# Inhalt

Einführung 6

Menüvorschläge 9

Zutaten 10

Frühstück 16

Lunch – Köstliches in einer Schale 28

Gesunde und raffinierte Lunchpakete 60

Salate 70

Suppen 104

Leichte Mahlzeiten für den Abend 130

Für den Heißhunger 158

Desserts 166

Register 174

# Einführung

Die einfachste Methode, Gewicht zu verlieren, heißt weniger essen. Wir wissen es längst, doch warum fällt es so schwer, dieses Wissen in die Tat umzusetzen? Das liegt einfach daran, dass viele Diäten unsere Essgewohnheiten auf den Kopf stellen und auf vorausberechneten Kalorientabellen beruhen. Bei *Schlank mit Stäbchen* gibt es keine Tabellen und nichts zu berechnen, aber jede Menge unkomplizierte, schmackhafte und gesunde Gerichte, von der japanischen Küche inspiriert und mit Stäbchen serviert.

Dass japanische Frauen nicht dick werden, ist schlicht ein Märchen. Japanerinnen machen sich viele Gedanken über ihr Gewicht, doch in der Regel behalten sie länger ein jugendliches Aussehen und sind schlanker und gesünder als viele Frauen westlicher Nationen. Die Japaner haben die weltweit höchste Lebenserwartung und leiden seltener an Herz-Kreislauf-Erkrankungen. Mit der Zunahme westlicher Ernährungsgewohnheiten nimmt jedoch auch in Japan die Fettleibigkeit in beunruhigendem Maße zu, wenn auch langsamer als in anderen reichen Industrieländern. Was wir essen und was wir kochen, hat stets Einfluss auf unsere Gesundheit und unsere Figur.

Als ich mit Ende dreißig schließlich drei Kinder hatte, bekam ich die Figur einer Frau »mittleren Alters« und trug vornehmlich weite Kleidung. Vorbei war die Zeit figurbetonter modischer Kleider und Hosenanzüge, die ich früher so gern getragen hatte. Auch wenn es wie eine schwache Ausrede klingt, so war es doch schwierig, eine Diät zu machen, als meine Kinder klein waren. Denn ich kochte regelmäßig für sie, aß mit ihnen zusammen und verzehrte auch die Reste, die übrig blieben, weil ich keine Lebensmittel wegwerfen wollte. Mit meinem Mann nahm ich dann noch ein Essen zu mir, oft spät am Abend. Kein Wunder also, dass ich zunahm.

Das Besondere an *Schlank mit Stäbchen* ist das Besondere an der japanischen Küche – was wir Japaner essen und wie wir es essen. Da sämtliche japanische Speisen mit Stäbchen verzehrt werden, habe ich auch fast alle Gerichte in diesem Buch für Stäbchen kreiert. Viele Untersuchungen haben gezeigt, dass man mit Stäbchen langsamer und somit auch weniger isst. Bis der Magen dem Gehirn ein Sättigungsgefühl vermittelt, vergehen ganze 20 Minuten. Versuchen Sie einmal, die gleiche Menge, die Sie mit Messer und Gabel essen, mit Stäbchen zu verzehren, und Sie werden schnell merken, es ist beinahe unmöglich. Isst man schnell, wie es die meisten von uns heute tun, kann das Gehirn nicht genau nachvollziehen, wie viel Essen in unserem Magen landet. So fällt es schwer zu erkennen, wann wir aufhören sollten, und darum essen wir oft mehr als nötig. Wer langsam isst, tut sich etwas Gutes, vor allem, wenn man abnehmen möchte.

Es lohnt sich auch, einen Blick auf die Portionen zu werfen, die man in japanischen Restaurants bekommt. Japanische Speisen werden in kleinen Schalen serviert. Man hält ein Schälchen Reis oder Suppe in der Hand, kleine Spezialitäten werden in zarten Schalen und auf kleinen Tellern angerichtet, alles ist perfekt vorbereitet, um mit Stäbchen gegessen zu werden. Ein japanisches Sprichwort lautet darum auch »hara hachibu« – man soll so viel essen, dass man fast satt ist, aber nicht mehr. Verlasse den Tisch, solange du noch etwas essen möchtest, und nicht erst dann, wenn du richtig satt bist.

Mit Stäbchen essen wir also nicht nur langsamer und weniger, wir beginnen über die Speisen nachzudenken und über den Genuss, den sie uns bereiten. Natürlich müssen wir uns auch mehr konzentrieren als beim Essen mit Messer und Gabel. Ich bevorzuge Stäbchen auch für Gerichte, die nicht aus Japan stammen, denn so weiß ich die Speisen besser zu schätzen, und ich halte es zudem für die elegantere Art zu essen. Auch in japanischen Schulen wird das Mittagessen heutzutage wieder mit Stäbchen verzehrt und nicht mehr mit jener hässlichen Erfindung aus den 1960er-Jahren, einer Kombination aus Löffel und Gabel. Damals sollten die

Kinder ihre geschmacksarmen Schulspeisen nämlich so schnell wie möglich zu sich nehmen. Heute bekommen sie gesunde Mahlzeiten, und man lehrt sie, mit den Stäbchen elegante Bewegungen zu machen, denn durch die korrekte Verwendung von Stäbchen lernt man, die Speisen richtig zu schätzen und zu genießen. Das geflügelte Wort »mit den Augen essen« ist eine gute Beschreibung dieser Philosophie, die auch in diesem Buch zum Ausdruck kommt. Früher dachte ich, nur Küchenchefs machen sich Gedanken, wie Speisen besonders appetitlich aussehen. Aber die Redewendung bezieht sich auch auf das Essen selbst. Wir sollen uns einen Moment Zeit nehmen, um die Mahlzeit zu betrachten und nachzudenken, mehr noch – um mit allen Sinnen zu genießen.

Ein wichtiger Faktor, der die japanische Küche zu etwas Besonderem und die Japaner so gesund und schlank macht, ist der hohe Anteil an energiespendenden Kohlenhydraten. In der japanischen Küche liefern Kohlenhydrate, vor allem in Form von Reis, ein Viertel der gesamten Energie. Im Westen gelten Kohlenhydrate oft als Dickmacher und werden in vielen Diäten verteufelt. Untersuchungen haben jedoch gezeigt, dass es keinen Einfluss auf das Gewicht hat, ob der Körper Energie aus Fett oder Kohlenhydraten gewinnt. Wichtig ist die Qualität der Kohlenhydrate. »Gute« Kohlenhydrate sind mehr oder weniger naturbelassen. Sie sind ballaststoffreich, nahrhaft, sättigen lang anhaltend und liefern Energie. Ballaststoffreiche Kost hilft zudem, den Cholesterinspiegel zu regulieren und Giftstoffe auszuscheiden. Traditionelle japanische Gerichte enthalten viele »gute« Kohlenhydrate in Form von Gemüse, Reis, Soba-Nudeln und Bohnen, die in diesem Buch alle reichlich Verwendung finden.

Aber es gibt noch einen weiteren Grund, warum die japanische Küche so gesund ist und schlank macht: Wir geben kein Fett an unsere Kohlenhydrate. Reis schmeckt auch ohne Beigaben und benötigt weder Fett noch Zucker in Form von Butter oder süßer Konfitüre. Nudeln werden in Wasser gegart und mit einer fettfreien Dashi-Sauce und Gemüse verzehrt. Naturreis und Soba-Nudeln aus Buchweizen sind naturbelassener als Brot und Pasta. Viele Rezepte in diesem Buch enthalten ballaststoffreiche Zutaten wie Agar-Agar, Bambussprossen, Kletten-

wurzel, Konnyaku, Algen und Matcha, vitaminreiches grünes Teepulver.

In der traditionellen japanischen Küche werden auch keine großen Fleischstücke gebraten – in vielen Haushalten gibt es bis heute keinen Ofen. Denn bis zur Mitte des 19. Jahrhunderts war es verboten, Fleisch und Geflügel zu essen. Darum finden Sie in diesem Buch so viele Salate und Gerichte, die schonend gedämpft, in aromatischer Dashi geköchelt oder mit wenig Öl gegrillt oder pfannengerührt werden.

Die Japaner essen heute allerdings wesentlich mehr westliche und verarbeitete Lebensmittel als je zuvor, und betrachtet man die Gesundheit der Menschen, fordert das bereits einen Tribut. Besonders deutlich wird dies auf der Insel Okinawa im Südchinesischen Meer, wo Achtzig- und Neunzigjährige früher noch Gemüse züchteten und Hundertjährige nichts Außergewöhnliches waren. Nach dem Ende des Zweiten Weltkriegs wurde Okinawa der größte US-amerikanische Militärstützpunkt Japans, und es dauerte nur ein paar Jahrzehnte, bis sich das Gesundheitsprofil der Insel gewandelt hatte. Inselbewohner, die heute um die 45 Jahre und jünger sind, wuchsen mit traditioneller amerikanischer Kost auf: reichlich tierisches Eiweiß, vor allem rotes Fleisch, Produkte wie Hamburger, frittierte Kartoffeln und Brot statt der traditionellen Speisen aus Reis, selbst angebautem Gemüse, frischem Seafood und Algen. Der Gesundheitszustand der jungen Inselbewohner ist alarmierend: Sie neigen stärker zur Fettleibigkeit, leiden häufiger an Herz-Kreislauf-Erkrankungen und Leberschäden und sterben früher als die restliche Bevölkerung Japans.

Die Idee zu *Schlank mit Stäbchen* entstand, während ich zwei andere japanische Kochbücher schrieb. Denn ich aß die Speisen, die ich für die Bücher probierte, mit Stäbchen. Jetzt erwarte ich natürlich nicht, dass Sie jeden Tag mit Stäbchen essen. Aber ich schlage vor, dass Sie über die Philosophie des Buches einmal nachdenken. Versuchen Sie, von der japanischen Küche inspirierte Gerichte so oft wie möglich mit Stäbchen zu essen. Das ist zu Hause sicherlich einfacher als im Restaurant. Umso beeindruckter war ich, als ich in einem eleganten Londoner Restaurant einen Mann sah, der ein Paar Essstäbchen aus seiner Anzugtasche holte, um ein

Pilzrisotto und Rucolasalat zu essen. Auch wenn dieses Verhalten exzentrisch erscheinen mag, probieren Sie es aus – im Restaurant oder bei Freunden. Wählen Sie naturbelassene Speisen, bestellen Sie nach Möglichkeit Gerichte mit viel Gemüse und Fisch und weniger rotem Fleisch, wie sie auch in Japan zubereitet werden. Gibt es keine Stäbchen, nehmen Sie ruhig Messer und Gabel, aber essen Sie langsam, schneiden Sie die Speisen in kleine Stücke, lassen Sie sich Zeit zum Kauen. Sie werden Ihr Essen noch mehr genießen, und der Koch oder die Köchin wird sich über die Aufmerksamkeit freuen, die Sie den Speisen entgegenbringen.

Wer weniger isst, wird nicht automatisch schlank. Die richtige Ernährung ist das eine, doch um abzunehmen, muss man auch mehr Energie verbrauchen. *Schlank mit Stäbchen* hilft Ihnen dabei, weniger und gesünder zu essen, aber Sie alleine entscheiden, ob Sie dabei auch regelmäßig Sport treiben und gesund leben. Um fit zu bleiben und abzunehmen, ist regelmäßiger Sport unerlässlich. Sie werden feststellen, dass eine gesunde Ernährung das Wohlbefinden steigert und somit auch der Sport immer mehr Spaß macht.

Zu einem genussreichen Essen gehört oft ein gutes Glas Wein, und ich möchte Ihnen hier gewiss nicht raten, ganz auf den Alkohol zu verzichten, selbst wenn Sie abnehmen möchten. Doch wenn Sie sich fragen, warum Sie jene zwei, drei Kilo einfach nicht verlieren, dann liegt das vielleicht am Alkoholgenuss. Nur Fett enthält mehr Kalorien als Alkohol, allerdings handelt es sich um leere Kalorien, die den Körper nicht mit weiteren Nährstoffen versorgen. Ein kleines Glas Weißwein (100 Milliliter) hat etwa 77 Kilokalorien, ein Glas Rotwein 80 Kilokalorien, und das entspricht zehn Minuten Anstrengung im Fitnessstudio. Darum mein Rat: Genuss ja, aber in Maßen.

Dieses Buch beschäftigt sich mit der japanischen Art zu essen und mit dem Vergnügen, das man bei der Zubereitung und dem Verzehr all der köstlichen Speisen im Sinne der japanischen Küche empfindet. *Schlank mit Stäbchen* wird dazu beitragen, dass Sie sich fantastisch fühlen und fantastisch aussehen.

Hier ein paar saisongerechte Menüvorschläge für Ihre drei Mahlzeiten am Tag.

### Frühlingsmenü
- Japanischer Reisbrei (Seite 19)
- Spargel-Sardellen-Domburi (Seite 31) oder Omusubi (Reisbällchen, Seite 67) oder Tofusalat (Seite 82)
- Muschel-Miso-Suppe mit knusprigem Tofu (Seite 126) oder Bambussprossen-Sushi (Seite 133)

### Sommermenü
- Gedämpfte Grüntee-Heidelbeer-Muffins (Seite 22) oder einen Smoothie (Seite 26)
- Zucchini-Tomaten-Domburi (Seite 32) oder Gekühlte Soba-Nudeln mit Gazpacho (Seite 52) oder einen Salat oder auch Gegrillte Auberginen mit Daikon auf Grüntee-Nudeln (Seite 49)
- Klassische Lachs-Sashimi mit Daikon-Salat (Seite 86) oder Rinder-Carpaccio mit Aubergine und Ingwerdressing (Seite 100) oder aber Kalte Miso-Pacho (Seite 110) mit einem Salat

### Sommerpicknick
- Spanische Tofu-Tortilla (Seite 25), Sushi-Rollen (Seite 62) oder Frühlingsrollen (Seite 68) und natürlich ein paar Salate

### Herbstmenü
- Pikanter Naturreis mit Eierflaum (Seite 21) oder Spanische Tofu-Tortilla (Seite 25)
- Chili-Pilz-Domburi (Seite 34) oder Würzige Linsen mit Garnelen (Seite 38) oder auch Nori-Rucola-Nudeln in Brühe (Seite 50) oder Japanische Pilze mit Soba-Nudeln in Grünteebrühe (Seite 51)
- Miso-Suppe mit japanischen Pilzen (Seite 113) oder cremige Miso-Suppe mit gebackenem Kürbis (Seite 114) oder Dorade auf Reis (Seite 147)

### Wintermenü
- Adzuki-Reisbrei (Seite 20)
- Warme Linsen mit Tofu und Spinat (Seite 40) oder Knusprige Ente mit Orangen-Kresse-Salat (Seite 103)
- Okonomiyaki (Seite 149) oder Kayu ländliche Art mit Huhn und Miso (Seite 140) oder Lachstopf (Seite 152)

# Zutaten

Viele Menschen scheuen sich, japanisch kochen zu lernen, aber nicht wegen der Küchentechniken, sondern wegen der Zutaten. Auch experimentierfreudigste Köche reagieren bei all den unbekannten Produkten in einem japanischen Lebensmittelgeschäft schon einmal ratlos. Darum stelle ich Ihnen auf den folgenden Seiten einige japanische Zutaten vor, die in diesem Buch verwendet werden, und mache Angaben zu deren Lagerung und Haltbarkeit.

## Adzukibohnen

Die kleinen roten Bohnen sind nach den Sojabohnen die beliebtesten Hülsenfrüchte der japanischen Küche. Getrocknete Adzukibohnen, die vor dem Kochen eingeweicht werden müssen, bekommt man in asiatischen Lebensmittelgeschäften und Bioläden, zudem werden manchmal fertig gegarte Adzukibohnen in Dosen angeboten. Trocken lagern.

## Daikon (Daikon-Rettich)

Dieser lange weiße Rettich (Abbildung gegenüber, oben links) heißt auf Japanisch zu Recht »große Wurzel«, denn er wird etwa 35 Zentimeter lang. Daikon gehört zu den wichtigsten Zutaten in der japanischen Küche, man bekommt ihn in fast allen asiatischen Lebensmittelläden. Wählen Sie einen schweren Rettich mit fester, makelloser Schale und bewahren Sie ihn im Kühlschrank auf. Eingelegter Daikon, »Takuan«, ist leuchtend gelb, hat einen kräftigen Geschmack und angenehmen Biss. Getrockneter geraspelter Daikon, »Kiriboshi Daikon«, wird vor dem Kochen eingeweicht.

## Gobou (Klettenwurzel)

Die Chinesen verwenden das dünne Wurzelgemüse seit Langem in der Kräuterheilkunde; gegessen wird es nur von den Japanern. Die normalerweise etwa 45 Zentimeter lange Wurzel mit der dunkelbraunen Schale kann bis zu 120 Zentimeter lang werden. Den meisten Geschmack enthält die Schale, darum sollte man die Wurzel gründlich reinigen und nicht schälen. Um Verfärbungen zu vermeiden und den bitteren Geschmack zu mildern, gibt man sie nach dem Schneiden sofort in kaltes Wasser. Die frische Wurzel ist in japanischen Lebensmittelläden ganzjährig erhältlich. Dort bekommt man sie auch tiefgekühlt.

## Goma (Sesam)

In der japanischen Küche werden sowohl weiße als auch schwarze, ganze oder gemahlene Sesamsamen verwendet. Erhitzen oder Mahlen verstärkt das Aroma. Japanische Lebensmittelläden bieten bereits gerösteten Sesam an. Die Samen luftdicht verschlossen und trocken aufbewahren.

## Hijiki (Seegras)

Bei Hijiki handelt es sich um ein verzweigtes oliv-braunes Seegras, das 30–100 Zentimeter hoch wird. Japanische Lebensmittelgeschäfte außerhalb Japans verkaufen fast ausschließlich getrocknetes Hijiki, das vor der Verwendung in Wasser eingeweicht werden muss. Dabei nimmt sein Volumen um fast das Zehnfache zu. Hijiki bewahrt man lichtgeschützt und trocken auf.

## Kanten (Agar-Agar)

Agar-Agar (Abbildung gegenüber, oben rechts) ist ein rein pflanzliches Geliermittel, das man aus den roten Tengusa-Algen (»Gras des Himmels«) gewinnt. Verkauft wird es in Blöcken, als Fäden oder Pulver. Außerhalb Japans bekommt man es meist in Pulverform in Päckchen zu vier Gramm. Man kann es wie Gelatine verwenden, allerdings geliert Agar-Agar schneller, verträgt mehr Hitze, ist völlig geruchs- und geschmacksneutral und hat auch nicht die gummiartige Konsistenz von tierischer Gelatine. Kühl und trocken aufbewahrt hält es sich bis zu sechs Monate.

## Katsuo bushi (Bonito-Flocken)

Der Echte Bonito ist als Zutat wie auch als Würzmittel wichtiger Bestandteil der japanischen Küche. Für Bonito-Flocken (Abbildung gegenüber, oben links) wird der getrocknete und geräucherte Fisch fein gehobelt. Das Ergebnis sind hauchfeine hellrosa Flocken mit ausgeprägt rauchigem Duft und Geschmack. Sie werden in Zellophanpäckchen verschiedener Größe verkauft (ab vier Gramm). Trocken und dunkel aufbewahrt halten sich die Flocken bis zu zwölf Monate, nach dem Öffnen sollte man sie innerhalb von drei Monaten verwenden.

## Kombu (Zuckerriementang)

Kombu und Katsuo bushi (Bonitoflocken) sind die wichtigsten Zutaten für Dashi (japanische Brühe), die Grundlage vieler japanischer Gerichte. Es gibt viele Varietäten von Kombu, den man vorwiegend in den kalten Gewässern vor der nördlichsten Insel Japans, Hokkaido, kultiviert. Der oliv-braune Zuckerriementang wird 20 Zentimeter breit und zehn Meter lang. Im Handel bekommt man ihn getrocknet, in kleineren Stücken. Wählen Sie dunklen, dicken Kombu, den Sie lichtgeschützt und trocken bis zu zwölf Monate aufbewahren können.

## Kome (Reis)

Für etwa die Hälfte der Weltbevölkerung ist Reis das Grundnahrungsmittel, und in Japan bedeutet das Wort »gohan« sowohl »eine Mahlzeit« als auch »gekochter Reis«. Die Japaner verstehen unter einer Schale Reis also eine vollständige Mahlzeit. Wer in Japan über das Essen redet, spricht auch stets vom Reis. Polierter weißer Reis steht seit jeher in der Hierarchie japanischer Lebensmittel ganz oben. Der wirtschaftliche Aufschwung der 1980er-Jahre beeinflusste den gesamten Lebensstil, einschließlich der Ernährung, und steigerte die Nachfrage nach immer exotischeren, teureren Lebensmitteln. Selbst beim Reis mussten es besondere »Designer-Sorten« sein, die immer stärker vorbehandelt waren. Zum Glück hielt dieser Trend nicht lange an, und die Japaner wandten sich wieder ihrer früheren Ernährung zu: einfacheren, unkomplizierten Speisen mit höherem Nährwert. Dabei mussten sie sich nur auf ihre traditionellen Nahrungsmittel besinnen, etwa heimische Gemüsesorten, Gewürze wie Miso und natürlich den Reis. Sie aßen nun wieder den zuvor als altmodisch verschmähten unpolierten oder halbpolierten Naturreis, der zu den wichtigsten Energielieferanten in der japanischen Küche zählt. Unpolierter Reis besitzt noch die Aleuronschicht, auch Samenschale oder Silberhäutchen genannt, und den Keimling, die die meisten Nährstoffe des Reiskorns enthalten und beim Polieren entfernt werden. Naturreis benötigt die doppelte bis dreifache Garzeit und hat einen angenehmen Biss. Er ist schwerer verdaulich und sättigt darum länger. Zudem muss man ihn kräftiger kauen, wodurch man langsamer isst und mehr Speichel produziert, was wiederum die Verdauung fördert.

Der Kompromiss zwischen poliertem und Naturreis heißt »haigamai«, ein nur zum Teil polierter Reis mit intaktem Keim, welcher aus diesem Grund etwa doppelt so viele Vitamine und Mineralstoffe enthält wie weißer Reis. Zudem gart er schneller als Naturreis. Man bekommt ihn in jedem japanischen Lebensmittelgeschäft, von poliertem Reis ist er aber kaum zu unterscheiden. Lassen Sie sich im Geschäft beraten.

## Konnyaku (»Teufelszunge«)

Konnyaku (Abbildung gegenüber, oben rechts) zählt wohl zu den ungewöhnlichsten japanischen Lebensmitteln. Die Wurzel der Pflanze wird zu Stärkemehl verarbeitet und zu Blöcken gepresst. Diese variieren in Farbe und Form, in japanischen Lebensmittelläden bekommt man aber meist graue Blöcke mit dunklen Sprenkeln (15 x 7 Zentimeter, 1,5 Zentimeter dick), in etwas Limettenwasser vakuumverpackt. Lichtgeschützt hält sich Konnyaku bis zu drei Monate. Nach dem Öffnen sollten Sie es in einer Schale mit frischem Wasser, das Sie täglich wechseln, kalt stellen und innerhalb von zwei Wochen verwenden. Konnyaku wird vor dem Gebrauch stets kurz gekocht.

## Mirin (süßer Reiswein)

Dieser gesüßte Sake zum Kochen sieht aus wie dünner goldgelber Sirup und hat ein abgerundetes mildes Aroma. Mirin verleiht Speisen einen süßen Geschmack und seidigen Glanz. Verkauft wird er in Flaschen. Bewahren Sie ihn kühl und dunkel auf, und stellen Sie die Flasche nach dem Öffnen in den Kühlschrank.

## Miso (fermentierte Sojabohnenpaste)

Miso (Abbildung Seite 12, unten links) ist eine unverzichtbare japanische Würzzutat. Es gibt viele Sorten, die in Geschmack, Aroma, Farbe und Textur variieren. Die Farbe gibt in der Regel Aufschluss über Geschmack und Textur – je heller die Farbe, desto milder und weicher die Paste. Die Herstellung ist im Grunde stets gleich: Zerdrückte gekochte Sojabohnen lässt man ohne Zugaben oder aber mit Reis, Weizen oder Gerste fermentieren und einige Monate oder bis zu drei Jahre reifen. Ich empfehle für einen abwechslungsreichen Geschmack oft die Verwendung mehrerer Sorten, darum sollten Sie kleine Mengen verschiedener Pasten kaufen. Japanische Lebensmittelläden und auch Bioläden bieten meist einige Sorten an. Im Kühlschrank hält sich Miso (luftdicht verschlossen) bis zu zwölf Monate.

## Nori (Rotalgen)

Nori werden heute fast ausschließlich kultiviert. Dafür impft man im Januar Netze mit den Sporen und platziert sie in geschützten Buchten. Die Algen werden dann im Herbst geerntet, gewaschen, in dünnen Blättern zum Trocknen ausgebreitet und geröstet. Getrocknete geröstete Nori-Blätter von 20 x 18 Zentimeter bekommt man im Handel in Zehnerpäckchen. Achten Sie auf die Qualität und kaufen Sie dicke, dunkel-glänzende Blätter – auch der Preis ist ein Indikator. Nori wird zudem in Streifen oder gewürzt angeboten. Die Blätter trocken und dunkel aufbewahren, nach dem Öffnen in Gefrierbeutel geben und bald verwenden. Röstet man weiche Blätter über einer kleinen Flamme, werden sie wieder aromatisch und knusprig.

## Renkon (Lotoswurzel)

Bei der Lotoswurzel (Abbildung Seite 11, unten links) handelt es sich um ein gelblich-braunes Rhizom, das fast einen Meter lang und sechs Zentimeter dick wird. Es besteht aus zylinderartigen Segmenten von bis zu 15 Zentimeter. Das gesamte Rhizom wird von Kanälen durchzogen, die den aufgeschnittenen Scheiben ein reizvolles Aussehen verleihen. Asiatische Lebensmittelläden bieten oft frische Lotoswurzel an, doch am häufigsten erhalten Sie gegarte, in Scheiben geschnittene Lotoswurzel, in Wasser vakuumverpackt oder in Dosen. Frische Exemplare bewahrt man kühl und dunkel auf, doch sie sind nicht lange haltbar.

## Sake (Reiswein)

Sake, Dashi, Sojasauce, Miso und Reisessig sind aus der japanischen Küche nicht wegzudenken. In fast allen Gerichten finden eine oder mehrere dieser Zutaten Verwendung. Reiswein wird beim Kochen gern als Zartmacher verwendet. Zudem mildert er salzigen oder starken Fischgeschmack und unterstützt das zarte Aroma anderer Zutaten. Im Handel wird auch günstigerer Sake zum Kochen angeboten, den ich jedoch nicht empfehlen kann, da er meist von minderer Qualität ist – man benötigt zum Kochen auch nur geringe Mengen. Sake bekommt man in gut sortierten Supermärkten und Asienläden. Nach dem Öffnen kühl und dunkel aufbewahren und innerhalb von drei Monaten verwenden.

## Shoyu (Sojasauce)

Sojasauce gehört zu den wichtigsten japanischen Würzmitteln. Sie wird aus fermentierten Sojabohnen, Wasser, Salz und meistens Weizen erzeugt, und ebenso reich wie die Aromen sind die Farben der Sorten: von warmem Bernstein über Tiefbraun bis Rotviolett. Die Fermentation spaltet das Eiweiß der Sojabohnen in Aminosäuren auf und die Kohlenhydrate des Weizens in Glukose, wodurch der typische Geschmack entsteht. Außerhalb Japans bekommt man meist drei Typen: universell einsetzbare dunkle Sojasauce, salzigere helle Sojasauce und die etwas dickere Tamari, die keinen Weizen enthält. Am besten nur kleine Mengen kaufen, nach dem Öffnen kalt stellen und bald verwenden.

## Soba (Buchweizennudeln)

Soba werden aus Buchweizenmehl hergestellt. Der schnell wachsende einjährige Buchweizen ist in Zentralasien und China beheimatet. In Japan wird er schon lange verzehrt, anfangs zu Klößen verarbeitet und wesentlich später auch in Form von Nudeln. Jedoch lassen sich Nudeln nur schwer ausschließlich aus Buchweizenmehl herstellen, denn es enthält kein Gluten, das dem Teig die nötige Geschmeidigkeit verleiht. Aus diesem Grund enthalten Soba meist etwas Weizen, Yamswurzel oder beides, um den Teig zu binden und Nudeln formen zu können. Beim Garen von Soba gießt man ein Glas kaltes Wasser in das siedende Wasser, um die Temperatur zu senken und so sicherzustellen, dass die Nudeln gleichmäßig garen.

## Su (Reisessig)

Japanischer Reisessig ist sehr viel milder als die meisten Essigsorten westlicher Nationen. Die Erzeugung verbindet Elemente der Herstellung von Sake und Sojasauce: Der Reis wird gewaschen, eingeweicht, gedämpft und mit Hefe versetzt, um Kulturen anzulegen, die den entstehenden Alkohol in Essig umwandeln. Die meisten japanischen Reisessigsorten sind hellgolden bis zart bronzefarben und haben ein mildes, säuerliches Aroma. Man bekommt sie in Asienläden und gut sortierten Supermärkten. Kühl und dunkel lagern und nach dem Öffnen innerhalb von sechs Monaten verwenden.

## Takenoko (Bambussprossen)

Frisch geerntete Bambussprossen sind in Japan die ersten Boten des Frühlings. Im Westen bekommt man in Asienläden und vielen größeren Supermärkten gegarte Bambussprossen in Dosen. Japanische Lebensmittelläden verkaufen zudem frisch gegarte Bambussprossen, in Wasser vakuumverpackt. Vor der Verwendung die Sprossen gründlich waschen und etwaige weiße Ablagerungen entfernen. Bambussprossen aus der Dose oder dem Vakuumpack halten sich im Kühlschrank in klarem Wasser bis zu einer Woche. Das Wasser täglich erneuern.

## Tee

Es gibt viele Grünteesorten, doch für die Rezepte in diesem Buch verwende ich vorwiegend das traditionelle Grünteepulver Matcha sowie Sencha-Tee. Matcha stellt man aus frisch gepflückten jungen Teeblättern her, die gedämpft, getrocknet und zu Pulver gemahlen werden. Es ist teuer und wird in kleinen Mengen verkauft. Matcha und Sencha sollte man, ebenso wie anderen losen Tee, lichtgeschützt und trocken aufbewahren.

## Tofu

Tofu ist Sojabohnenquark. Für die Herstellung werden Sojabohnen eingeweicht, gekocht, gemahlen und durch ein Sieb oder Tuch abgegossen. Die gewonnene Sojamilch wird mit einem Gerinnungsmittel (Magnesiumchlorid) versetzt, sodass in einer mit Musselin ausgekleideten Form der Quark entsteht. Fester Tofu hat eine gelblich weiße Farbe und wurde gepresst, der weiße Seidentofu ist weicher. Frischer

Tofu wird meist in etwas Wasser verkauft. Er sollte in frischem Wasser im Kühlschrank aufbewahrt werden. Frittierten Tofu bekommt man häufig tiefgekühlt. Einmal aufgetaut, sollte man ihn ebenso wie den frischen Tofu innerhalb weniger Tage verwenden.

## Umeboshi (eingelegte Umefrüchte)

Bei Umeboshi (Abbildung Seite 12, unten rechts) handelt es sich um unreife grüne japanische Früchte, die mit den Aprikosen verwandt sind und mit roten Perilla-Blättern in Salzlake eingelegt werden. Man bekommt sie in Asien- und Bioläden. Im Kühlschrank sind sie auch nach dem Öffnen fast unbegrenzt haltbar.

## Wakame (Braunalge)

Wakame ist eine Braunalgenart. In japanischen Lebensmittelgeschäften und Bioläden wird Wakame fast ausschließlich getrocknet angeboten. Die getrockneten Algen muss man vor der Verwendung einweichen. Dunkel und trocken aufbewahren.

## Wasabi (japanischer grüner Meerrettich)

Wasabi (Abbildung Seite 11, unten rechts) gehört zu den schärfsten Gewürzen in der japanischen Küche. Die Pflanze wächst in sumpfigem Boden am Rand kalter, klarer Bergbäche. Die Wurzel der mehrjährigen Wasserpflanze wird etwa so groß wie eine Möhre. In guten japanischen Restaurants serviert man Wasabi frisch gerieben, doch im Westen kennt man vor allem das Pulver oder die fertige Paste aus der Tube. Pulver und Paste werden in Asienläden und gut sortierten Supermärkten angeboten. Das Pulver wird wie Senfpulver angerührt; man bewahrt es dunkel und trocken auf. Wasabi-Paste gehört nach dem Öffnen in den Kühlschrank und sollte innerhalb weniger Monate verwendet werden.

## Yuzu (japanische Zitrusfrucht)

Yuzu ist eine kleine leuchtend gelbe Zitrusfrucht von der Größe einer kleinen Manderine. Man verwendet die wunderbar aromatische Schale und den duftenden Saft. Im Westen ist frische Yuzu kaum erhältlich, doch der Saft wird in japanischen Lebensmittelläden angeboten. Er ist teuer, aber sehr ergiebig. Im Kühlschrank lagern und vor der Verwendung schütteln.

Das traditionelle japanische Frühstück besteht aus einer Schale mit frisch gekochtem Reis oder Reisbrei, einer Schale heißer Miso-Suppe mit Tofu oder Wakame, einem Teller mit gegrilltem Fisch, gegartem Saisongemüse, einem Eiergericht, etwa gerolltem Omelett, sowie einigen Beilagen, beispielsweise einer kleinen Portion Natto (fermentierte Sojabohnen), einem Schälchen mit gewürzten Algen oder einigen gewürzten Nori-Blättern und schließlich einer Auswahl an eingelegtem Gemüse. Was für ein langer Speiseplan für den frühen Morgen! Darum sei gleich erwähnt, dass man in Japan heutzutage wohl nur selten solch ein aufwendiges Frühstück zubereitet. Derart ausgiebig frühstücken die modernen Japaner eher am Wochenende oder im Urlaub. Bei dem alltäglichen japanischen Frühstück handelt es sich um eine deutlich vereinfachte Variante, allerdings gehören Reis und Miso-Suppe stets dazu.

Die Japaner lieben das Frühstück. Die Nation mit der längsten Lebenserwartung und einer relativ guten Gesundheit weiß, wie bedeutend ein gutes Frühstück ist. Verzichten Sie nicht darauf — es ist die wichtigste Mahlzeit des Tages. Wenn Sie Ihr Frühstück auslassen, haben Sie später am Vormittag solch einen niedrigen Blutzuckerspiegel, dass Sie sich nicht mehr konzentrieren können, der Magen grummelt und Sie am liebsten nach der erstbesten süßen Nascherei, etwa einem Schokoriegel, greifen möchten. In einer perfekten Welt würde ich darum wie ein Kaiser frühstücken, wie eine Königin zu Mittag speisen und nur noch ganz bescheiden zu Abend essen. Wir wissen wohl alle, wie gesund ein ausgewogenes Frühstück ist, und doch scheint jeder am Morgen nur schnell aus der Tür eilen zu müssen. Darum habe ich einige unkomplizierte, köstliche Frühstücksvorschläge zusammengestellt, die von der japanische Küche inspiriert sind und morgens für den nötigen Schwung sorgen.

# Frühstück

# Japanischer Reisbrei

Für 2 Personen

- 50 g japanischer Rundkornreis
- 350 ml Wasser
- ¼ TL Salz
- 1 Handvoll frische Himbeeren

Der bedeutende Zen-Mönch Dohgen aus dem 13. Jahrhundert schrieb, der Genuss einer Schale »kayu« – japanischer Reisbrei – bringe zehnfachen Nutzen: Er schenke glänzende und gesunde Haut, stärke Körper und Seele, verlängere das Leben, sei leicht verdaulich und gut für das Gehirn, bewahre die Wärme, zügele den Hunger, stille den Durst und fördere einen gesunden Stuhlgang. Das klingt wirklich hervorragend, ja beinahe zu schön, um wahr zu sein, denn schließlich handelt es sich ja bloß um eine Schale Reisbrei. Die Konsistenz von japanischem Reisbrei variiert je nach verwendeter Wassermenge. Für diese Variante wird der Reis in der siebenfachen Menge Wasser gegart, wodurch der Brei eine suppenartige, aber keinesfalls wässrige Konsistenz bekommt. Statt der traditionellen Umeboshi, eingelegten Umefrüchten, empfehle ich dazu frische Himbeeren.

Den Reis in einem feinen Sieb unter fließendem kaltem Wasser waschen, bis das abfließende Wasser klar ist. Am besten erledigt man dies mindestens ½ Stunde vor dem Garen oder bereits am Abend zuvor, damit der Reis die Feuchtigkeit absorbieren und aufquellen kann.

Ist die Zeit jedoch knapp, den gewaschenen Reis mit der angegebenen Menge Wasser in einen Topf mit schwerem Boden füllen und vor dem Erhitzen 10 Minuten stehen lassen. Dann den Reis zugedeckt bei starker Hitze aufkochen. Den Deckel leicht öffnen und den Reis bei schwacher Hitze 20–25 Minuten köcheln lassen.

Den Herd ausschalten, den Reis mit dem Salz würzen und zugedeckt noch 5 Minuten quellen lassen. In kleine vorgewärmte Schalen füllen, mit den Himbeeren garnieren und mit Stäbchen servieren.

# Adzuki-Reisbrei

Für 2 Personen

- 25 g getrocknete Adzukibohnen (siehe Seite 10), über Nacht in Wasser eingeweicht
- 600 ml Wasser
- 50 g japanischer Rundkornreis, gewaschen und 30 Minuten im Sieb abgetropft

Adzukibohnen gelten in Japan schon seit Langem als ein Symbol für Glück. Traditionell isst man am 15. Januar, zum Neujahrsfest nach dem alten Mondkalender, Brei aus Adzukibohnen. Im Grunde darf bei keinem Festessen Adzuki-Reis fehlen. Die Bohnen enthalten vor allem Glukose und Eiweiß und ihr hoher Gehalt an Vitamin $B_1$, Kalium und löslichen Ballaststoffen wirkt blutdrucksenkend, hilft gegen Müdigkeit und lindert Schwellungen. Der feine süße Geschmack der Bohnen und ihr warmer rosa Farbton machen diesen Brei zu einem besonderen Frühstücksgenuss.

Die Adzukibohnen in einen Topf mit schwerem Boden füllen (keinen Topf aus Gusseisen verwenden, denn das Eisen würde die Bohnen verfärben). 600 Milliliter Wasser dazugießen und die Bohnen bei mittlerer Hitze in 30–40 Minuten weich garen. Falls nötig, während des Garens noch etwas kochend heißes Wasser hinzufügen. Die Bohnen abgießen. Dabei die Garflüssigkeit auffangen und bis auf 500 Milliliter mit Wasser ergänzen.

Den Reis und die abgemessene Garflüssigkeit zugedeckt in einem Topf mit schwerem Boden bei starker Hitze aufkochen. Dann den Reis bei schwacher Hitze 20 Minuten köcheln lassen. Den Herd ausschalten und die gegarten Bohnen unter den heißen Reis ziehen. Den Reis zugedeckt noch 5 Minuten quellen lassen. Den Adzuki-Reisbrei in vorgewärmten Schalen mit Stäbchen servieren.

Tipp

Da Adzukibohnen lange garen müssen, sollten Sie gleich eine größere Menge zubereiten. In der Garflüssigkeit können Sie die Bohnen im Kühlschrank bis zu einer Woche aufbewahren.

# Pikanter Naturreis mit Eierflaum

Für 2 Personen

- 50 g Naturreis
- 600 ml Wasser
- 2 Eier, leicht verquirlt
- 1 EL Sojasauce (siehe Seite 14)
- 2 Frühlingszwiebeln, fein gehackt
- 1 Handvoll zerpflückte Nori-Blätter (Rotalgen; siehe Seite 14)

Naturreis ist wesentlich gesünder als polierter weißer Reis und sollte regelmäßig auf Ihrem Speiseplan stehen. Zum Garen benötigt man ein Drittel mehr Wasser als bei weißem Reis, auch die Garzeit ist etwas länger. Zudem sättigt Naturreis viel länger – und das erfreut sicher alle, die abnehmen möchten.

Den Naturreis in einem Topf mit schwerem Boden in den 600 Milliliter Wasser über Nacht einweichen. Am nächsten Tag zugedeckt bei mittlerer bis schwacher Hitze zum Kochen bringen. Sobald Wasserdampf entweicht auf starke Hitze schalten und den Reis garen, bis der Dampf nachlässt, das dauert etwa 3 Minuten. Den Herd ausschalten und den Reis noch zugedeckt 10–15 Minuten quellen lassen.

Die verquirlten Eier hinzufügen und sofort verrühren. Den Reis mit der Sojasauce abschmecken mit Frühlingszwiebeln und Nori garnieren und mit Stäbchen servieren.

## Gedämpfte Grüntee-Heidelbeer-Muffins

Ergibt 6 Muffins

- 75 g Zucker
- 75 ml Wasser
- 1 Ei, leicht verquirlt
- 1 EL Pflanzenöl
- 200 g Vollkornmehl
- 2 TL Backpulver
- 1 TL Matcha (Grünteepulver; siehe Seite 15), plus mehr zum Garnieren
- 50 g frische Heidelbeeren

Dieses Rezept ist so unkompliziert, dass Sie die köstlichen Muffins problemlos zum Frühstück zubereiten können. Luftdicht verpackt halten sie sich aber auch drei Tage und können wunderbar im Voraus gebacken werden.

Zucker und Wasser in einem Topf aufkochen und dabei so lange rühren, bis sich der Zucker aufgelöst hat. Beiseitestellen und abkühlen lassen.

Das Ei in eine Schüssel geben und das Zuckerwasser kräftig unterschlagen. Nach und nach das Öl unterschlagen. Mehl, Backpulver und Teepulver in die Schüssel sieben und unterziehen. Zuletzt die Heidelbeeren unterheben.

Sechs Vertiefungen eines Muffinblechs mit Papierförmchen auskleiden oder leicht einfetten und den Teig hineinfüllen. Die Muffins in einem Dämpftopf über sprudelnd kochendem Wasser 15 Minuten dämpfen. (Sollte das Blech nicht in den Dämpftopf passen, können die Muffins auch in kleine Einzelförmchen gefüllt und portionsweise gedämpft werden.) Zum Servieren mit etwas Grünteepulver bestreuen.

## Spanische Tofu-Tortilla

Für diese Variante der spanischen Tortilla verwendet man statt Kartoffeln Tofu, und so entsteht ein wahres »Power-Frühstück«, das auch noch leicht verdaulich ist.

Den Tofu in ein Stück Küchenpapier wickeln und 1 Minute bei 600–800 Watt in der Mikrowelle trocknen. In zwei Zentimeter große Würfel schneiden.

### Für 2 Personen

- 100 g weicher Seidentofu (siehe Seite 15)
- 1 TL Pflanzenöl
- 3 Eier, leicht verquirlt
- 1 EL helle Sojasauce (siehe Seite 14)
- 1 mittelgroße Tomate, Samen und Stielansatz entfernt, grob gehackt
- 2 Frühlingszwiebeln, grob gehackt

Das Öl in einer kleine Pfanne bei mittlerer Temperatur erhitzen. Die Eier mit der Sojasauce verquirlen und 2–3 Minuten in der Pfanne braten, bis sie am Rand gestockt, in der Mitte jedoch noch flüssig sind.

Tofu, Tomate und Frühlingszwiebeln darauf verteilen und weitere 2 Minuten backen. Zum Wenden die Pfanne vom Herd nehmen, die Tortilla auf einen Teller gleiten lassen, mit der Pfanne bedecken und die Pfanne mit dem Teller wenden.

Die Pfanne erneut auf den Herd stellen und die Tortilla noch 3–4 Minuten von der anderen Seite backen. Auf einem Brett in mundgerechte Tortenstücke schneiden und servieren.

## Gerolltes japanisches Omelett

Für das Omelett benötigen Sie eine kleine Antihaft-Pfanne.

Eier, Mirin und Sojasauce in einer kleinen Schüssel leicht verquirlen. Die Pfanne bei mittlerer Temperatur erhitzen und mit dem Öl bestreichen. Ein Drittel der Eiermischung in die Pfanne gießen. Wenn die Oberfläche zu stocken beginnt, ein Drittel der Nori-Blätter darüber verteilen.

### Für 2 Personen

- 3 Eier
- 1 EL Mirin (süßer Reiswein; siehe Seite 13)
- 2 TL helle Sojasauce (siehe Seite 14)
- 1/2 TL Pflanzenöl
- 2 Blätter Nori (Rotalgen; siehe Seite 14), in kleine Stücke zerpflückt

Das Omelett in der Pfanne aufrollen und am Rand der Pfanne belassen. Diesen Vorgang noch zweimal wiederholen, dabei jedes neue Omelett um das bereits eingewickelte rollen. Die letzte Schicht auf einem Brett nochmals fest einrollen und das Omelett in mundgerechte Stücke schneiden. Mit Stäbchen servieren.

# Smoothies

Für 2 Personen

Abbildung rechts:
Grüntee-Tofu-Smoothie und Tofu-
Erdbeer-Smoothie

## Tofu-Apfel-Smoothie

- 100 g Seidentofu (siehe Seite 15)
- 2 Äpfel, geschält, vom Kerngehäuse befreit, grob gehackt
- 200 ml Apfelsaft
- 2 EL flüssiger Honig
- 2,5 cm frischer Ingwer, geschält und geraspelt

Sämtliche Zutaten im Mixer oder in der Küchenmaschine zu einem cremigen Smoothie verarbeiten.

## Tofu-Erdbeer-Smoothie

- 100 g Seidentofu (siehe Seite 15)
- 100 g frische Erdbeeren, Stielansätze entfernt
- 200 ml Sojamilch
- 2 EL flüssiger Honig

Sämtliche Zutaten im Mixer oder in der Küchenmaschine zu einem cremigen Smoothie verarbeiten.

## Grüntee-Tofu-Smoothie

- 100 Seidentofu (siehe Seite 15)
- 200 ml Sojamilch
- 1 TL Matcha (Grünteepulver; siehe Seite 15)
- 1 EL Kinako (Sojabohnenmehl; ersatzweise Reismehl)
- 2 EL Vollrohrzucker (im Asienladen: Dark Brown Soft Sugar)

Sämtliche Zutaten im Mixer oder in der Küchenmaschine zu einem cremigen Smoothie verarbeiten.

## Grüntee-Milchshake

- 2 Bananen, das Fruchtfleisch grob gehackt
- 1 Kiwi, das Fruchtfleisch grob gehackt
- 200 ml Sojamilch
- 1 TL Matcha (Grünteepulver; siehe Seite 15)
- 2 EL flüssiger Honig

Sämtliche Zutaten im Mixer oder in der Küchenmaschine zu einem cremigen Smoothie verarbeiten.

Als im Japan des 17. Jahrhunderts der Anbau von Lebensmitteln, insbesondere von Reis, zunahm, gewann das Mittagessen an Bedeutung. Nach dem Frühstück ist es die zweitwichtigste Mahlzeit des Tages, vor allem wenn man auf sein Gewicht achtet, denn bis zur Nachtruhe sind es noch viele Stunden, in denen der Körper reichlich Kalorien verbrennt. Für dieses Kapitel habe ich zwei gesunde Kohlenhydratlieferanten ausgewählt und die Rezepte darauf abgestimmt: Naturreis und Soba (Buchweizen-nudeln). Sie sind hervorragende Energiespender, schmecken gut, lassen sich leicht zubereiten und machen lange satt, ohne den Körper zu belasten oder zu ermüden.

Naturreis und Soba schmecken heiß wie kalt und können bei Bedarf in der Mikrowelle aufgewärmt werden. Darum eignen sie sich auch gut als Lunch in der Mittagspause. Soba-Nudeln werden aus glutenfreiem Buchweizen her-gestellt, enthalten viele lösliche Ballaststoffe sowie Rutin, das die Durchblutung und den Stoffaustausch in den kleinsten Blutgefäßen fördert, Ödemen entgegenwirkt und antioxidative Eigenschaften aufweist.

Domburi ist der Überbegriff für japanische Reisgerichte, die in einer Schale serviert werden — ein bevorzugter Imbiss für die kurze Mittagspause. Auf den Reis, der traditionell in einer Keramikschale mit Deckel gereicht wird, gibt man gern Huhn und Ei oder Rindfleisch und Zwiebeln. Basierend auf dieser Grundidee habe ich ebenso schmackhafte wie gesunde Ein-Gang-Gerichte kreiert. Domburi sind wunder-bar vielseitig. Denn auch aus Resten vom Vortag lässt sich noch ein guter und gesunder Lunch bereiten.

# Lunch – Köstliches in einer Schale

## Naturreis richtig garen

Naturreis besteht zu 74–77 Prozent aus Kohlenhydraten und 6–7 Prozent Proteinen (die übrigen 20 Prozent sind Wasser, Ballaststoffe, Fette, Vitamine und Mineralstoffe). Er enthält etwa das Vierfache an löslichen Ballaststoffen sowie $B_1$- und E-Vitaminen als weißer Reis und das Doppelte an Vitamin $B_2$, Mineralstoffen und Fetten. Naturreis wird kurz unter fließendem kaltem Wasser gewaschen und mindestens 2–3 Stunden, am besten jedoch über Nacht in frischem Wasser eingeweicht. Die Einweichzeit bestimmt die benötigte Wassermenge zum Kochen: je kürzer die Einweichzeit, desto mehr Wasser braucht man. Wurde der Reis über Nacht eingeweicht, entspricht die Wassermenge dem Reisgewicht plus 20 Prozent. Bei 100 Gramm Reis gibt man also 120 Milliliter Wasser in den Topf. Dieser sollte einen schweren Boden und einen dicht schließenden Deckel haben. Nun den Reis und das Wasser zugedeckt bei mittlerer bis schwacher Hitze aufkochen. Sobald Wasserdampf entweicht, auf starke Hitze schalten und den Reis garen, bis der Dampf nachlässt, das dauert etwas 3 Minuten. Den Herd ausschalten, den Reis noch 10–15 Minuten zugedeckt quellen lassen. Zuletzt mit einer Gabel auflockern.

## Spargel-Sardellen-Domburi

Zur Spargelzeit esse ich dieses wunderbare Saisongemüse so oft wie möglich, etwa in diesem unkomplizierten Gericht mit einer herrlich aromatischen Sauce.

Das Öl in einer Pfanne bei mittlerer Temperatur erhitzen und die Sardellen darin sautieren. Den Knoblauch und den Spargel hinzugeben. Die Hitze leicht reduzieren, zwei Esslöffel Wasser und die Soja-Dashi-Sauce hinzufügen. Sobald die Mischung zu kochen beginnt, das in einem Teelöffel Wasser aufgelöste Agar-Agar zum Binden der Sauce einrühren.

Den Reis auf zwei vorgewärmte Schalen verteilen, die Spargelmischung darübergeben und mit dem Sesam bestreuen. Mit Stäbchen servieren.

### Für 2 Personen

- 1 EL Pflanzenöl
- 2 Sardellenfilets, gehackt
- 1 TL fein gehackter Knoblauch
- 6 Stangen grüner Spargel, schräg in mundgerechte Stücke geschnitten
- 2 EL Soja-Dashi-Sauce (siehe Seite 40)
- ¼ TL Agar-Agar (siehe Seite 10)
- 200 g warmer gegarter Naturreis (siehe oben)
- 1 TL gerösteter Sesam (siehe Seite 10)

# Zucchini-Toma-ten-Domburi

Dies ist ein schnell zubereitetes Sommergericht mit japanischer Note. Die Zucchini sollten ganz frisch und schön fest sein.

Das Öl in einem Topf bei mittlerer Temperatur erhitzen und die Zucchini darin 1 Minute sautieren. Sardellen und Knoblauch dazugeben und den Topf schwenken.

Die Hitze leicht reduzieren. Tomatensaft, Sake und Sojasauce hinzufügen und aufkochen lassen. Den Herd ausschalten und die Miso-Paste in die Sauce rühren.

Den Reis auf zwei vorgewärmte Schalen verteilen und die Zucchinimischung darübergeben. Mit der Petersilie garnieren und mit Stäbchen servieren.

Für 2 Personen

- 1 EL Olivenöl
- 2 mittelgroße Zucchini, geschält und gewürfelt
- 2 Sardellenfilets, grob gehackt
- 1 Knoblauchzehe, fein gehackt
- 4 EL Tomatensaft
- 2 EL Sake (Reiswein; siehe Seite 14)
- 2 TL Sojasauce (siehe Seite 14)
- 1 EL Miso (Sojabohnenpaste; siehe Seite 14)
- 200 g warmer gegarter Naturreis (siehe Seite 31)
- Einige Zweige glatte Petersilie, fein gehackt

# Eier-Spinat-Domburi

Eier sind eine klassische Zutat für Domburi, denn sie lassen sich schnell und abwechslungsreich zubereiten. Für die richtige Konsistenz sollte man sie nicht stocken lassen. So binden sie die anderen Zutaten und sind zugleich die Sauce zu dem Reis.

Den Lauch längs halbieren und diagonal in feine Scheiben schneiden. Lauch und Wasser in einen Topf geben und bei schwacher bis mittlerer Hitze zum Kochen bringen.

Die Hitze leicht reduzieren. Spinat, Sake, Mirin, Zucker und Sojasauce hinzugeben. Die Eier sachte unterrühren. Kurz bevor sie stocken, den Herd ausschalten. Die Mischung über den Reis geben. Mit Nori garniert sofort servieren.

Für 2 Personen

- ½ Stange Lauch, geputzt
- 100 ml Wasser
- 50 g junger Spinat
- 2 EL Sake (Reiswein; siehe Seite 14)
- 2 EL Mirin (süßer Reiswein; siehe Seite 13)
- ½ EL Zucker
- 3 EL Sojasauce (siehe Seite 14)
- 2 Eier, leicht verquirlt
- 200 g warmer gegarter Naturreis (siehe Seite 31)
- 1 kleine Handvoll zerpflückte Nori-Blätter (Rotalgen; siehe Seite 14)

Tipp
Die Mischung nicht zu lange erhitzen. Den Herd lieber etwas früher ausschalten, die Eier garen noch weiter.

# Chili-Pilz-Domburi

Dieses nahrhafte vegetarische Gericht lässt keine Wünsche offen. Je nachdem, wie gern Sie scharf essen, dosieren Sie einfach die Menge der verwendeten Chilischoten und -sauce.

Zuerst den Tofu in ein Zentimeter große Würfel schneiden, in kochendem Wasser blanchieren und abtropfen lassen.

Die Egerlinge jeweils vierteln. Die Hüte der Shiitakepilze und die Kräuterseitlinge in ebenso große Spalten schneiden, die Shiitakestiele wegwerfen.

Das Öl in einem Topf bei niedriger Temperatur erhitzen und die Zwiebel darin braten, bis sie weich ist. Tofu, Ingwer, Knoblauch, Chili und Pilze dazugeben und die Mischung 2–3 Minuten garen. Zum Würzen Sake und Sojasauce hinzufügen und erhitzen, bis sie zu kochen beginnen.

Den Herd ausschalten, die Miso-Paste in die Mischung rühren. Das Gericht probieren und eventuell nachwürzen. Für mehr Schärfe nun die Chilisauce unterrühren. Den Reis auf zwei vorgewärmte Schalen verteilen, die Pilzmischung darübergeben und das Domburi mit Stäbchen servieren.

## Für 2 Personen

- 200 g fester Tofu
- 6 mittelgroße Egerlinge, geputzt
- 4 Shiitakepilze
- 50 g kleine Kräuterseitlinge (ersatzweise je zur Hälfte Egerlinge und Shiitakepilze)
- ½ EL Pflanzenöl
- ½ Zwiebel, fein gehackt
- 2 TL frischer Ingwer, gerieben oder sehr fein gehackt
- 1 Knoblauchzehe, fein gehackt
- ¼–½ große frische rote Chilischote, von Samen und Scheidewänden befreit, fein gehackt
- 2 EL Sake (Reiswein; siehe Seite 14)
- 1 EL Sojasauce (siehe Seite 14)
- 1 EL mittelhelles oder rotes Miso (Sojabohnenpaste; siehe Seite 14)
- 1 TL Chilisauce (nach Belieben)
- 200 g warmer gegarter Naturreis (siehe Seite 31)

## Meeresfrüchte-Rucola-Domburi

Fusion-Food in der Domburi-Küche mit italienischen und thailändischen Elementen – und schnell und leicht zubereitet.

Den Kalmar mehrfach leicht einschneiden und, falls nötig, in mundgerechte Stücke zerteilen. Kalmar und Garnelen in einer Schüssel mischen und mit der Maisstärke und dem Salz bestreuen.

**Für 2 Personen**

- 100 g kleiner Kalmar, küchenfertig vorbereitet
- 100 g geschälte rohe Garnelen
- 2 TL Maisstärke
- ½ TL Salz
- 2 EL Olivenöl
- 1 Knoblauchzehe, fein gehackt
- 1 Prise Chiliflocken
- 2 TL Nam pla (thailändische Fischsauce)
- 25 g Rucola, gewaschen, trocken geschwenkt und grob gehackt
- 200 g warmer gegarter Naturreis (siehe Seite 31)

Das Olivenöl in einem Topf schwach erhitzen und den Knoblauch hineingeben. Garnelen und Kalmar hinzufügen und sautieren, bis sie opak sind. Mit Chiliflocken und Nam pla würzen. Den Herd ausschalten und zügig den Rucola unter die Mischung rühren, sodass er in der verbliebenen Hitze zusammenfällt.

Den Reis auf zwei vorgewärmte Schalen verteilen und die Meeresfrüchte-Mischung darübergeben. Mit Stäbchen servieren.

## Bohnen-Krabbenfleisch-Domburi

Der süße Geschmack der Dicken Bohnen und das Krabbenfleisch harmonieren in diesem Gericht perfekt.

Die Dicken Bohnen 2–3 Minuten garen. Abgießen, unter fließendem kaltem Wasser abspülen und enthäuten. (Das Entfernen der Haut ist etwas mühsam, aber es lohnt sich.)

**Für 2 Personen**

- 100 g enthülste Dicke Bohnen
- 75 g weißes Krabbenfleisch
- 4 EL Sake (Reiswein; siehe Seite 14)
- ¼ TL Agar-Agar (siehe Seite 10), in 1 TL Wasser aufgelöst
- 200 g warmer gegarter Naturreis (siehe Seite 31)
- 1 TL fein abgeriebene unbehandelte Zitronen- oder Limettenschale
- Salz, frisch gemahlener weißer Pfeffer

Die Dicken Bohnen und das Krabbenfleisch mit dem Sake in einem Topf bei mittlerer Hitze aufkochen. Mit Salz und weißem Pfeffer würzen. Das Agar-Agar einrühren und die Sauce 1–2 Minuten köcheln lassen, bis sie eindickt.

Den Reis auf vorgewärmte Schalen verteilen, die Mischung darübergeben und mit Zitrusschale garnieren. Mit Stäbchen servieren.

## Würzige Linsen mit Garnelen

Für dieses unkomplizierte Gericht werden wunderbare Aromen kombiniert – ein großartiger Mittagsimbiss für diejenigen, die gut essen möchten, aber wenig Zeit haben.

Die Linsen in einem Topf mit Wasser bedecken und bei mittlerer Hitze 20–25 Minuten garen, bis sie weich, aber noch nicht zerfallen sind. In ein Sieb abgießen, unter fließendem kaltem Wasser abspülen und gut abtropfen lassen. Den Tiefkühlmais 3–5 Minuten in Wasser garen, in ein Sieb abgießen und ebenfalls abtropfen lassen.

Linsen, Mais, Frühlingszwiebeln, Tomaten, Chili und Koriandergrün in einer Schüssel vermischen. Sojasauce und Olivenöl unterrühren und die Mischung mit Salz und frisch gemahlenem schwarzem Pfeffer abschmecken.

Die Linsenmischung auf zwei Teller verteilen und die Garnelen darübergeben. Mit Stäbchen servieren.

Für 2 Personen

- 200 g Puy-Linsen
- 100 g Mais, tiefgekühlt
- 2 Frühlingszwiebeln, fein gehackt
- 2 mittelgroße Strauchtomaten, Samen und Stielansätze entfernt, grob gehackt
- ½ frische grüne Chilischote, Samen entfernt und fein gehackt
- 1 Handvoll Koriandergrün, fein gehackt
- 2 EL Sojasauce (siehe Seite 14)
- 2 EL natives Olivenöl extra
- 200 g geschälte gegarte Garnelen
- Salz und schwarzer Pfeffer

## Thunfisch-Okra-Domburi

Ich verwende hier Thunfisch aus der Dose, denn das ist unkomplizierter. Doch wer im Kühlschrank ein gutes Thunfischsteak hat, sollte sich nicht um diesen Genuss bringen.

Die Okras mit einer Prise Salz bestreuen und sachte aneinanderreiben, um die feinen Härchen zu entfernen. Die Okras kurz in kochendem Wasser blanchieren und abgießen. Die Stielansätze entfernen und die Schoten in fünf Millimeter dicke Stücke schneiden. In einer Schüssel mit Salz und schwarzem Pfeffer würzen und rühren, sodass sich der typische dicke Saft verteilt.

Die Tomaten, den abgetropften Thunfisch und die zwei Esslöffel Soja-Dashi-Sauce gut untermengen.

Den Reis auf zwei Schalen verteilen. Die Okra-Mischung darübergeben und mit Basilikum garnieren. Mit Stäbchen servieren.

Für 2 Personen

- 6 Okraschoten
- 2 reife Strauchtomaten, enthäutet, Stielansätze entfernt, grob gehackt
- 50 g Thunfisch aus der Dose
- 2 EL Soja-Dashi-Sauce (siehe Seite 40)
- 200 g warmer gegarter Naturreis (siehe Seite 31)
- Einige Basilikumblätter, zerpflückt
- Salz und frisch gemahlener schwarzer Pfeffer

# Warme Linsen mit Tofu und Spinat

Für 2 Personen

Für die Soja-Dashi-Sauce
- 200 ml Sojasauce (siehe Seite 14)
- 200 ml Mirin (süßer Reiswein; siehe Seite 13)
- ½ Zwiebel, gerieben
- 1 Knoblauchzehe, gerieben
- 1 Stück (5 x 5 cm) Kombu (Zuckerriementang; siehe Seite 13)

- 200 g Puy-Linsen
- 2 Knoblauchzehen, mit einem Messer leicht zerdrückt
- 1 rote Paprikaschote
- 1 gelbe Paprikaschote
- 100 g fester Tofu (siehe Seite 15)
- 100 g junger Spinat, gewaschen und abgetropft
- 2 EL Soja-Dashi-Sauce (siehe oben)
- 1 EL Balsamico-Essig von guter Qualität
- 1 EL natives Olivenöl extra

Die leicht pfeffrigen Puy-Linsen und der feine Tofu ergänzen sich perfekt in diesem stärkenden Mittagessen.

Sämtliche Zutaten für die Soja-Dashi-Sauce in einem Topf bei niedriger Temperatur bis kurz unter den Siedepunkt erhitzen, dann bei reduzierter Hitze 8–10 Minuten ziehen lassen. Den Herd ausschalten, die Sauce abkühlen lassen und durch ein feinmaschiges Sieb abgießen. In einer Glasflasche hält sie sich im Kühlschrank bis zu zwei Wochen. Diese vielseitige pikante Sauce wird in zahlreichen Gerichten verwendet.

Die Linsen in einem Topf mit Wasser bedecken und den Knoblauch dazugeben. Zum Kochen bringen, die Hitze reduzieren und die Linsen 20–25 Minuten garen, bis sie weich, aber noch nicht zerfallen sind. Den Knoblauch herausnehmen, die Linsen abgießen und warm halten.

Die Paprikaschoten unter einem vorgeheizten Grill unter gelegentlichem Wenden rösten, bis die Haut rundum schwarz ist und Blasen wirft. Die Schoten in einen verschließbaren Gefrierbeutel geben und schwitzen lassen. Aus dem Beutel nehmen, enthäuten, Stielansätze, Samen und Scheidewände entfernen. Das Fleisch der Paprika in Streifen schneiden, den Saft auffangen.

Während die Paprikaschoten grillen, den Tofu in einige Lagen Küchenpapier wickeln, auf ein leicht geneigtes Brett legen, mit einem Teller mit kleinem Gewicht beschweren und 20 Minuten abtropfen lassen. Muss es schnell gehen, den Tofu 1 Minute bei 600–800 Watt in der Mirkowelle trocknen. In Würfel schneiden.

Spinat, Linsen, Tofu und Paprika mit Saft in eine Schüssel geben. Mit zwei Esslöffeln Soja-Dashi-Sauce, dem Balsamico-Essig und dem Olivenöl beträufeln. Alles sachte vermischen und mit Stäbchen servieren.

# Gebratene Soja- bohnen mit Miso

Für 2 Personen

- 100 g getrocknete Sojabohnen, über Nacht eingeweicht (siehe Tipp)
- ½ EL Pflanzenöl
- 50 g gehacktes Schweinefleisch
- 1 Zwiebel, fein gehackt
- 1 Möhre, geputzt und gewürfelt
- 1 Knoblauchzehe, fein gehackt
- 1 EL Sake (Reiswein; siehe Seite 14)
- 1 EL Sojasauce (siehe Seite 14)
- 1 EL Chilisauce
- 2 EL mittelhelles Miso (Sojabohnenpaste; siehe Seite 14)
- 200 g warmer gegarter Naturreis (siehe Seite 31)
- 1 Frühlingszwiebel, schräg in feine Scheiben geschnitten
- 1 kleine Handvoll Brunnenkresse

Die Sojabohnen müssen über Nacht einweichen und dann etwa 1 Stunde köcheln – eine recht langwierige Angelegenheit. Darum empfehle ich, gleich eine größere Portion Bohnen zu garen und einen Teil davon einzufrieren. Wer es eilig hat, kann auch Sojabohnen aus der Dose verwenden, die man in Asienläden und gut sortierten Supermärkten bekommt.

Die eingeweichten Sojabohnen abgießen, in einem Topf mit frischem Wasser bedecken und bei mittlerer Hitze 45–60 Minuten garen. Durch ein Sieb abgießen, dabei von der Garflüssigkeit 50 Milliliter zurückbehalten. Bei Sojabohnen aus der Dose stattdessen 50 Milliliter frisches Wasser verwenden.

Einen Wok bei mittlerer Temperatur erhitzen. Das Öl hineingießen und das Schweinehack 3 Minuten darin pfannenrühren. Zwiebel und Möhre 2 Minuten mitgaren, dann den Knoblauch unterrühren und alles weitere 3 Minuten pfannenrühren.

Die Hitze leicht reduzieren. Die Sojabohnen mit der aufbewahrten Garflüssigkeit oder dem Wasser, dem Sake und der Sojasauce hinzufügen und so lange pfannenrühren, bis die Flüssigkeit fast vollständig eingekocht ist. Den Herd ausschalten, die Chilisauce und das Miso gleichmäßig unterrühren.

Den Reis auf zwei Schalen verteilen. Die Bohnenmischung darübergeben, mit Frühlingszwiebeln und Brunnenkresse garnieren. Mit Stäbchen servieren.

Tipp
Verwenden Sie 200 Gramm Sojabohnen, wenn Sie zu Dosenware greifen müssen.

# Soba-Nudeln mit Chinakohl und Tofu

Für dieses Gericht sollten Sie unbedingt die typischen Soba-Nudeln verwenden. Denn sie sind nicht nur reich an löslichen Ballaststoffen, die den Cholesterinspiegel senken, sie enthalten zudem Rutin, das die Durchblutung und den Stoffaustausch in den Kapillaren fördert und Bluthochdruck und Ödemen entgegenwirken kann. Außerdem ist es ein Antioxidationsmittel. Die Sauce aus Tofu, Sesam und Miso ist wunderbar cremig-mild, hocharomatisch und reich an wertvollen Proteinen.

## Für 2 Personen

- 1 Stück Kombu (Zuckerriementang; siehe Seite 13), von der Größe einer Postkarte
- 200 g getrocknete Soba (Buchweizennudeln; siehe Seite 14)
- 2 EL Olivenöl
- 100 g Chinakohl, fein gehackt
- ½ TL Salz
- 1 EL gerösteter weißer Sesam, fein zermahlen (siehe Seite 10)
- 100 g Seidentofu (siehe Seite 15), gewürfelt
- 1 EL Sojamilch
- 1 EL weißes Miso (Sojabohnenpaste; siehe Seite 14)
- 1 TL gerösteter weißer Sesam zum Servieren

Den Kombu in einen Topf mit kaltem Wasser geben und bei niedriger Temperatur erhitzen. Sobald er an die Oberfläche steigt und das Wasser zu kochen beginnt, den Kombu herausnehmen. Eine Schöpfkelle Wasser beiseitestellen. Das restliche Wasser aufkochen lassen.

Die Nudeln in das Wasser geben und rühren, um sie zu trennen. Beginnt das Wasser im Topf hochzusprudeln, ein Glas kaltes Wasser hinzugießen. Die Nudeln sind fertig, wenn das Wasser wieder zu kochen beginnt; in ein Sieb abgießen, unter kaltem Wasser abspülen und zum Abtropfen beiseitestellen.

Das Olivenöl in eine Pfanne geben und den Chinakohl darin bei mittlerer Hitze sautieren. Das Salz darüberstreuen. Ist der Kohl weich, das beiseitegestellte Kombu-Wasser, den gemahlenen Sesam sowie Tofu und Sojamilch hinzufügen. Bei schwacher Hitze 5–8 Minuten einkochen lassen.

Das Miso gründlich unterrühren. Die Nudeln hinzugeben und mit der Sauce vermischen.

Den Herd ausschalten, die Nudeln in zwei Schalen anrichten und mit dem Sesam bestreuen. Mit Stäbchen servieren.

# Wakame-Spinat-Nudeln mit Sesamdip

Spinat ist ein herrlich gesundes Gemüse. Er enthält reichlich B-Vitamine und Vitamin C, Betacarotin und verschiedene Mineralstoffe einschließlich Eisen. Von diesem Gericht profitieren Sie doppelt, denn Wakame ist ebenfalls sehr gesund.

Die Wakame in einer Schüssel mit raumtemperiertem Wasser 5 Minuten einweichen und dann abgießen.

Für den Dip den Sesam im Mörser grob zermahlen. Die Soja-Dashi-Sauce hinzufügen und mit dem Wasser verdünnen. Die Sauce auf zwei Schälchen verteilen und beiseitestellen.

Reichlich Wasser in einem großen Topf bei starker Hitze aufkochen, die Nudeln hineingeben und durchrühren, um sie zu trennen. 2–3 Minuten garen. Falls nötig, die Hitze reduzieren, damit das Wasser nicht überkocht. Zuerst die Spinatstiele hinzufügen, dann die zarten Spinatblätter und die eingeweichte Wakame dazugeben.

Sobald das Wasser erneut zu kochen beginnt und hochsprudelt, den Herd ausschalten und den Topfinhalt zügig in ein großes Sieb abgießen. Die Nudeln und das Gemüse unter fließendem kaltem Wasser abschrecken.

Den Siebinhalt gut abtropfen lassen und auf zwei Schalen verteilen. Mit der gehackten Frühlingszwiebel, den zerpflückten Nori-Blättern und dem Gewürzpulver (falls verwendet) bestreuen. Mit dem Dip und Stäbchen servieren.

## Für 2 Personen

- 40 g getrocknete Wakame (Braunalge; siehe Seite 15)
- 200 g getrocknete Soba (Buchweizennudeln; siehe Seite 14)
- 200 g frischer Spinat, Stiele und Blätter getrennt, gewaschen und abgetropft
- 1 Frühlingszwiebel, schräg in feine Scheiben geschnitten
- 2 EL zerpflückte Nori-Blätter (Rotalgen; siehe Seite 14)
- Japanisches Sieben-Gewürze-Pulver oder Chilipulver (nach Belieben)

## Für den Sesamdip

- 4 EL gerösteten Sesam (siehe Seite 10)
- 4 EL Soja-Dashi-Sauce (siehe Seite 40)
- 125 ml Wasser

# Soba-Nudeln mit Umeboshi und Brokkoli

Für 2 Personen

- 200 g getrocknete Soba (Buchweizennudeln; siehe Seite 14)
- 2 EL natives Olivenöl extra
- 2 Knoblauchzehen, in dünne Scheiben geschnitten
- ¼ TL Salz
- 100 g Brokkoli, in kleine Röschen zerteilt
- 2 Umeboshi (eingelegte Umefrüchte; siehe Seite 15), entsteint und gehackt
- ½ EL gerösteter Sesam

Umeboshi sind in Salz eingelegte japanische Umefrüchte, die in der japanischen Küche vielfach Verwendung finden. Sie schmecken sehr intensiv und gelten als Allheilmittel.

In einem großen Topf reichlich Wasser zum Kochen bringen, die Nudeln hineingeben und durchrühren, um sie zu trennen. Zur gleichen Zeit das Öl in einer großen Pfanne mit dem Knoblauch und dem Salz bei niedriger Temperatur erhitzen, um das Öl zu aromatisieren.

Sobald das Wasser erneut aufkocht, den Brokkoli zu den Nudeln geben und 1 Minute garen. Wenn das Wasser hochsprudelt, ein Glas kaltes Wasser hinzugießen. Das Wasser erneut aufkochen lassen, dann den Herd ausschalten. Nudeln und Brokkoli in ein großes Sieb abgießen und unter fließendem kaltem Wasser abschrecken. Gut abtropfen lassen. Den Knoblauch aus der Pfanne nehmen und wegwerfen. Nun die Nudelmischung in die Pfanne geben und kurz sautieren.

Den Herd ausschalten und die Umeboshi sachte unter die Nudeln heben. Das Gericht auf zwei flache Schalen verteilen, mit dem Sesam bestreuen und mit Stäbchen servieren.

# Gegrillte Auberginen mit Daikon auf Grüntee-Nudeln

## Für 2 Personen

- 1 Aubergine, mit einer Gabel rundum mehrfach eingestochen
- 200 g getrocknete Soba (Buchweizennudeln; siehe Seite 14; bevorzugt mit grünem Tee aromatisiert)
- 200 g Daikon-Rettich (siehe Seite 10), gründlich gewaschen
- 4 EL Soja-Dashi-Sauce (siehe Seite 40)
- 2 TL geriebener frischer Ingwer

In diesem wunderbaren Gericht ergänzen sich erfrischender geriebener Daikon und aromatische gegrillte Aubergine aufs Beste. Verwenden Sie nach Möglichkeit mit Grüntee verfeinerte Soba, die die gesunden Inhaltsstoffe von grünem Tee und Buchweizennudeln in sich vereinen.

Die Aubergine unter einen vorgeheizten Grill (höchste Stufe) schieben und so lange grillen, bis die Haut schwarz wird und Bläschen wirft; herausnehmen und leicht abkühlen lassen. Mit einem Bambusspieß unter die Haut der Aubergine fahren und diese abziehen. Das Auberginenfleisch in Streifen schneiden und beiseitestellen.

In einem großen Topf reichlich Wasser zum Kochen bringen, die Nudeln hineingeben und durchrühren, um sie zu trennen. Beginnt das Wasser wieder zu kochen und hochzusprudeln, ein Glas kaltes Wasser hinzugießen. Das Wasser erneut aufkochen lassen, dann die Nudeln in ein großes Sieb abgießen. Unter fließendem kaltem Wasser abspülen und abtropfen lassen.

In der Zwischenzeit den Daikon mitsamt Schale reiben, das Fleisch mit den Händen leicht ausdrücken, dabei den Saft auffangen. Das Fruchtfleisch in einer Schüssel mit einer Gabel auflockern, den Saft mit der Soja-Dashi-Sauce verrühren. Den geriebenen Ingwer unter die Sauce ziehen.

Die Nudeln auf zwei Schalen verteilen und die Sauce darüberträufeln. Den Daikon über die Nudeln geben und mit den Auberginenstreifen belegen. Mit Stäbchen servieren.

# Nori-Rucola-Nudeln in Brühe

## Für 2 Personen

### Für die Nudelsauce

- 1 Stück Kombu (Zuckerriementang; siehe Seite 13), von der Größe einer Postkarte
- 200 ml Sojasauce (siehe Seite 14)
- 4 EL Zucker
- 2 EL Mirin (süßer Reiswein; siehe Seite 13)

- 200 g getrocknete Soba (Buchweizennudeln; siehe Seite 14)
- 100 g Rucola
- 1 Stück Kombu (Zuckerriementang; siehe Seite 13), von der Größe einer Postkarte
- 300 ml Wasser
- 4 EL Nudelsauce (siehe oben)
- 2 Blätter Nori (Rotalgen; siehe Seite 14)
- 2 Frühlingszwiebeln, fein gehackt
- ½ TL Chilipulver

Dies ist eine moderne Variante des klassischen Soba-Gerichts »Hanamaki soba« – eine Brühe mit Soba und zerkrümelten Nori-Blättern. Die Sauce passt zu vielen Nudelgerichten – lassen Sie Ihrer Fantasie freien Lauf.

Für die Nudelsauce den Kombu mit allen übrigen Zutaten in einen Topf geben und mindestens 30 Minuten, lieber aber 1 Stunde, ziehen lassen. Dann bei niedriger Temperatur bis kurz vor den Siedepunkt erhitzen.

Den Kombu wegwerfen, die Sauce 5–7 Minuten köcheln lassen. Den Herd ausschalten, die Sauce auf Raumtemperatur abkühlen lassen, in ein sterilisiertes Schraubglas füllen und zugedeckt in den Kühlschrank stellen. So hält sie sich bis zu vier Wochen. Sie eignet sich als Basis für Nudelbrühen oder als Nudeldip.

In einem großen Topf Wasser aufkochen, die Nudeln hineingeben und durchrühren, um sie zu trennen. Beginnt das Wasser wieder zu kochen und hochzusprudeln, ein Glas kaltes Wasser hinzugießen. Das Wasser erneut aufkochen lassen, dann die Nudeln in ein großes Sieb abgießen. Unter fließendem kaltem Wasser abspülen und abtropfen lassen. Mit dem Rucola auf zwei Schalen verteilen.

Inzwischen den Kombu und 300 Milliliter Wasser in einem Topf bei niedriger Temperatur erhitzen. Kurz bevor das Wasser zu sieden beginnt, den Kombu herausnehmen, vier Esslöffel Nudelsauce in das Wasser geben und aufkochen lassen. Den Herd ausschalten und die Brühe über die Nudeln schöpfen.

Die Nori-Blätter mit den Händen über den Nudeln zerkrümeln. Mit den Frühlingszwiebeln garnieren, mit Chilipulver bestreuen und sofort mit Stäbchen servieren.

# Japanische Pilze mit Soba-Nudeln in Grünteebrühe

Pilze sind kalorienarm, enthalten kein Fett, dafür aber reichlich lösliche Ballaststoffe, B- und D-Vitamine und viel Aroma – geradezu ideal für eine Diät. In diesem Gericht kombiniere ich rauchig-aromatische japanische Pilze mit erfrischendem grünem Tee für eine herrliche Nudelbrühe.

**Für 2 Personen**

**Für die Grünteemischung**

- 2 EL gerösteter schwarzer Sesam (siehe Seite 10)
- 1 EL Matcha (Grünteepulver; siehe Seite 15)
- 2 EL Kinako (Sojabohnenmehl)
- 3 EL Vollrohrzucker (im Asienladen: Dark Brown Soft Sugar)

- 4 frische Shiitakepilze
- 100 g kleine Kräuterseitlinge (ersatzweise Egerlinge)
- 100 g Enoki-Pilze
- 6 mittelgroße Austernpilze
- 300 ml Wasser
- 4 EL Nudelsauce (siehe Seite 50)
- 2 TL Grünteemischung (siehe oben)
- 1/4 TL Agar-Agar (siehe Seite 10), in 1 TL Wasser aufgelöst
- 200 g getrocknete Soba (Buchweizennudeln; siehe Seite 14)
- 2 Frühlingszwiebeln, fein gehackt

Für die Grünteemischung den gerösteten Sesam im Mörser fein zermahlen. Matcha, Kinako und Zucker dazugeben und alles nochmals gleichmäßig zermahlen.

Die Köpfe der Shiitakepilze und die Kräuterseitlinge in Scheiben schneiden, die Shiitakestiele wegwerfen. Die zusammengewachsenen Stiele der Enoki-Pilze wegschneiden und die Pilze trennen. Die Austernpilze von Hand zerteilen.

Wasser und Nudelsauce in einem Topf verrühren, die Pilze hineingeben und bei mittlerer Temperatur garen. Damit die Brühe nicht kocht, die Hitze reduzieren. Die Grünteemischung und das Agar-Agar zum Eindicken einrühren.

Inzwischen in einem großen Topf reichlich Wasser aufkochen, die Nudeln hineingeben und durchrühren, um sie zu trennen. Wenn das Wasser wieder zu kochen und hochzusprudeln beginnt, ein Glas kaltes Wasser hinzugießen. Das Wasser erneut aufkochen lassen, dann die Nudeln in ein Sieb abgießen, unter fließendem kaltem Wasser abspülen und abtropfen lassen.

Die Nudeln auf zwei vorgewärmte Schalen verteilen, die Pilze mit der Brühe darübergeben und mit Frühlingszwiebeln garnieren. Mit Stäbchen servieren.

### Tipp

Im luftdichten Behälter im Kühlschrank hält sich die Grünteemischung bis zu vier Wochen. Man kann aus ihr auch ein wunderbares Heißgetränk zubereiten, das man statt Kaffee genießt.

## Gekühlte Soba-Nudeln mit Gazpacho

Für 2 Personen

- 200 g getrocknete Soba (Buchweizennudeln; siehe Seite 14)
- 1 EL natives Olivenöl extra
- Einige Zweige glatte Petersilie

Für die Gazpacho-Sauce
- 100 ml Tomatensaft
- ½ weiße oder rote Zwiebel, fein gehackt
- ½ rote Paprikaschote, Samen und Scheidewände entfernt, fein gehackt
- ½ gelbe Paprikaschote, Samen und Scheidewände entfernt, fein gehackt
- 1 Stange Sellerie, fein gehackt
- ½ Minigurke
- Salz und frisch gemahlener schwarzer Pfeffer

Diese herrlich leuchtende frische Nudelsauce auf Tomatenbasis passt wunderbar zu japanischen Soba-Nudeln. Das könnte ein Lieblingsgericht von Ihnen werden!

In einem großen Topf reichlich Wasser zum Kochen bringen, die Nudeln hineingeben und durchrühren, um sie zu trennen. Beginnt das Wasser wieder zu kochen und hochzusprudeln, ein Glas kaltes Wasser hinzugießen. Das Wasser erneut aufkochen lassen, die Nudeln in ein großes Sieb abgießen, unter fließendem kaltem Wasser abspülen und abtropfen lassen. Mit dem Öl vermischen, damit sie nicht aneinanderkleben, und in dem Sieb über einer Schüssel in den Kühlschrank stellen.

Sämtliche Zutaten für die Gazpacho-Sauce in einer großen Schüssel verrühren. Einige Esslöffel Sauce in ein Schälchen füllen und beiseitestellen. Die Nudeln in die Schüssel geben und mit der verbliebenen Sauce vermischen.

Die Nudeln in zwei Schalen anrichten, die zurückbehaltene Sauce darübergeben, mit Petersilienblättern garnieren und mit Stäbchen servieren.

# Jakobsmuscheln mit Soba-Nudeln und Mizuna-Pesto

Für 2 Personen

Für das Mizuna-Pesto

- 100 g frische Mizuna-Blätter, gewaschen und grob gehackt
- 2 EL Pinienkerne
- 1 Knoblauchzehe, zerdrückt
- ½ TL Wasabi-Paste (siehe Seite 15)
- ½ TL Salz
- 4 EL natives Olivenöl extra, plus mehr zum Beträufeln

- 2 TL Pflanzenöl
- 4 große, frische ausgelöste Jakobsmuscheln
- 200 g getrocknete Soba (Buchweizennudeln; siehe Seite 14)
- 50 g Rucola
- 1 Frühlingszwiebel, fein gehackt

Bei Mizuna handelt es sich um ein dekoratives Blattgemüse, das in China und Japan heimisch ist. Es wächst in großen buschigen Blattrosetten, und die Blätter mit dem schlanken festen weißen Stiel ähneln gezähntem Rucola. Auch der pfeffrige Geschmack erinnert an Rucola, doch haben die Blätter eine saftigere, knackigere Textur. Mizuna besteht zu 95 Prozent aus Wasser und enthält viel Vitamin A und C, die gut für die Haut sind. Hinzu kommen noch verschiedene Mineralstoffe, einschließlich Kalzium und Eisen.

Mizuna wird immer häufiger in Asienläden angeboten, vor allem im Winter und Herbst, doch können Sie die Blätter auch durch eine Mischung aus Rucola und Spinat ersetzen.

Sämtliche Zutaten für das Pesto in einer Küchenmaschine oder einem Mixer cremig pürieren. Sie erhalten etwa 150 Milliliter. In ein Kunststoffgefäß füllen und mit Olivenöl beträufeln, sodass die Oberfläche bedeckt ist. So lässt sich das Pesto zugedeckt bis zu einer Woche im Kühlschrank aufbewahren.

Eine Grillpfanne bei mittlerer Temperatur erhitzen. Das Muschelfleisch halbieren, mit dem Pflanzenöl bestreichen und von jeder Seite 20–30 Sekunden grillen. Warm stellen.

In einem großen Topf Wasser aufkochen, die Nudeln hineingeben und durchrühren, um sie zu trennen. Beginnt das Wasser wieder zu kochen und hochzusprudeln, ein Glas kaltes Wasser hinzugießen und das Wasser erneut aufkochen lassen. Die Nudeln in ein großes Sieb abgießen, unter fließendem kaltem Wasser abspülen und gut abtropfen lassen. Die Nudeln zurück in den noch warmen Topf füllen, den Rucola und eineinhalb Esslöffel Pesto dazugeben und gleichmäßig untermischen.

Die Pesto-Nudeln auf zwei Servierteller verteilen, die Muscheln darauf anrichten und mit den Frühlingszwiebeln garnieren. Mit Stäbchen servieren.

# Soba-Nudeln in Eierflaumbrühe

Dieses schmackhafte Nudelgericht ist im Nu zubereitet und genau das Richtige, wenn Sie schnell ein gesundes Mittagessen benötigen.

## Für 2 Personen

- 300 ml Wasser
- 4 EL Nudelsauce (siehe Seite 50)
- ½ TL Agar-Agar (siehe Seite 10), in 2 TL Wasser aufgelöst
- 200 g getrocknete Soba (Buchweizennudeln; siehe Seite 14)
- 1 Ei, leicht verquirlt
- 1 Blatt Nori (Rotalgen; siehe Seite 14), in kleine Stücke zerkrümelt
- 1 EL Kresse
- 2 TL geriebener frischer Ingwer

Das Wasser in einem Topf mit der Nudelsauce verrühren. Bei mittlerer Temperatur bis kurz vor den Siedepunkt erhitzen, das Agar-Agar zum Eindicken hinzufügen und die Hitze reduzieren, sodass die entstandene Brühe köchelt.

In einem zweiten Topf reichlich Wasser aufkochen, die Nudeln hineingeben und durchrühren, um sie zu trennen. Wenn das Wasser wieder zu kochen und hochzusprudeln beginnt, ein Glas kaltes Wasser hinzugießen. Das Wasser erneut aufkochen lassen, dann die Nudeln in ein Sieb abgießen, unter fließendem kaltem Wasser abspülen und abtropfen lassen.

Das verquirlte Ei in die köchelnde Brühe gießen. Einen Moment warten, dann das Ei mit zwei Stäbchen verrühren. Den Herd ausschalten.

Die Nudeln auf zwei vorgewärmte Schalen verteilen und die Eierflaumbrühe darüberschöpfen. Mit dem zerkrümelten Nori, der Kresse und dem geriebenen Ingwer garnieren. Sofort mit Stäbchen servieren.

# Sobaghetti mit Brokkoli und Tofu

Für 2 Personen

- 100 g fester Tofu (siehe Seite 15)
- 2 Knoblauchzehen, in Scheiben geschnitten
- 1 TL Salz
- 200 g Brokkoli, grob gehackt
- 200 g getrocknete dünne Soba (Buchweizennudeln; siehe Seite 14)
- 1 EL Olivenöl
- 1 EL gerösteter Sesam (siehe Seite 10)
- 1 große Handvoll zerkrümelte Nori-Blätter (Rotalgen; siehe Seite 14)
- Salz und frisch gemahlener schwarzer Pfeffer

Ein wunderbar unkompliziertes Essen, wenn Sie einmal nicht so viele Vorräte im Kühlschrank haben – und wesentlich gesünder als ein Sandwich aus dem Laden um die Ecke.

Den Tofu in einige Lagen Küchenpapier wickeln, auf ein leicht geneigtes Brett legen, mit einem Teller mit kleinem Gewicht beschweren und 20 Minuten abtropfen lassen. Muss es schnell gehen, den Tofu 1 Minute bei 600–800 Watt in der Mirkowelle trocknen. Den abgetropften Tofu grob hacken.

Knoblauch und Salz mit reichlich Wasser in einen Topf geben, bei mittlerer Temperatur aufkochen. Den Knoblauch 2–3 Minuten im kochenden Wasser belassen, dann den Brokkoli hinzugeben und 3 Minuten garen. Brokkoli und Knoblauch in ein Sieb abgießen (eine Schöpfkelle des Kochwassers in einer Schale beiseitestellen), unter fließendem kaltem Wasser abspülen und abtropfen lassen.

Inzwischen in einem weiteren Topf Wasser aufkochen, die Nudeln hineingeben und durchrühren, um sie zu trennen. Wenn das Wasser wieder zu kochen und hochzusprudeln beginnt, ein Glas kaltes Wasser hinzugießen. Das Wasser erneut aufkochen lassen, dann die Nudeln in ein Sieb abgießen, unter fließendem kaltem Wasser abspülen und abtropfen lassen.

Das Olivenöl in einer Pfanne bei mittlerer Temperatur erhitzen, Knoblauch, Brokkoli und Tofu hineingeben. Knoblauch und Brokkoli mit einer Gabel zerdrücken und das zurückbehaltene Brokkoliwasser hinzugießen. Sobald die Mischung zu kochen beginnt, die Nudeln unterrühren; mit Salz und Pfeffer würzen und auf zwei Servierteller verteilen. Mit dem Sesam und den zerkrümelten Nori garnieren und sofort mit Stäbchen servieren.

# Lachsrogen und Daikon auf Soba-Nudeln

**Für 2 Personen**

- 1 weiße oder rote Zwiebel, in dünne Scheiben geschnitten
- 200 g Daikon-Rettich (siehe Seite 10), gründlich gewaschen
- 4 EL Soja-Dashi-Sauce (siehe Seite 40)
- 4 EL Lachsrogen
- 1 EL Sake (Reiswein; siehe Seite 14)
- 200 g getrocknete Soba (Buchweizennudeln; siehe Seite 14; bevorzugt mit grünem Tee aromatisiert)
- 2 TL Wasabi-Pulver (siehe Seite 15), mit 4 TL Wasser zu einer Paste verrührt

Daikon-Rettich bekommt man mittlerweile auch schon in gut sortierten Supermärkten. Das kalorienarme Gemüse enthält viele Vitamine, insbesondere A und C, zudem fördert es die Verdauung. Sehr beliebt ist der erfrischend säuerliche Geschmack von Daikon – am gesündesten ist er natürlich roh. Wählen Sie beim Kauf einen festen, schweren Daikon mit makelloser Schale.

Die Zwiebelscheiben in eine Schale mit kaltem Wasser legen, um die Schärfe zu mildern. Den Daikon mit der Schale reiben, das Fleisch mit den Händen leicht ausdrücken, den Saft dabei auffangen. Anschließend das Fruchtfleisch in einer Schüssel mit einer Gabel auflockern und den Saft mit der Soja-Dashi-Sauce verrühren. Den Lachsrogen mit dem Sake vermischen.

In einem großen Topf Wasser zum Kochen bringen, die Nudeln hineingeben und durchrühren, um sie zu trennen. Beginnt das Wasser wieder zu kochen und hochzusprudeln, ein Glas kaltes Wasser hinzugießen und das Wasser erneut aufkochen lassen. Die Nudeln in ein großes Sieb abgießen, unter fließendem kaltem Wasser abspülen und gut abtropfen lassen.

Die Zwiebelscheiben abgießen. Die Nudeln auf zwei flache Schalen verteilen und die verdünnte Soja-Dashi-Sauce darüberträufeln. Die Zwiebeln, den Daikon und den Lachsrogen gleichmäßig darauf anrichten. Mit einem kleinen Klecks Wasabi-Paste dekorieren und mit Stäbchen servieren.

Unser Leben ist so hektisch geworden, dass wir uns kaum noch die Zeit nehmen, in Ruhe ein Mittagessen zu genießen. Oft begnügen wir uns mit einem schnell gekauften, fertig abgepackten Sandwich. Das ist zwar besser, als gar nichts zu essen, aber in den meisten Fällen auch keine gute Wahl, denn solche belegten Brote enthalten viele versteckte Fette, und wir wissen nichts über die Qualität der Zutaten.

Dabei reicht schon ein wenig Planung, um sich ein ebenso köstliches wie gesundes Lunchpaket zuzubereiten, das bis zum Abend genügend Energie spendet. Die Rezepte auf den folgenden Seiten liefern den Beweis. Viele Gerichte aus dem vorigen Kapitel »Lunch – Köstliches in einer Schale« machen sich auch sehr gut in einem Lunchpaket.

# Gesunde und raffinierte Lunchpakete

# Sushi-Rollen

**Für 1 Person**

- 1 Blatt Nori (Rotalgen; siehe Seite 14)
- 80 g gegarter Sushi-Reis (siehe Seite 132)
- Wasabi-Paste (japanischer Meerrettich; siehe Seite 15)

Für die Füllung eine Auswahl folgender Zutaten, in bleistiftdünne Streifen geschnitten
- Frisches oder gegartes Gemüse, etwa Salatgurke, Möhre, grüner Spargel oder grüne Bohnen
- Ganz frischer Fisch von Sashimi-Qualität, etwa Thunfisch, Lachs, Wolfsbarsch oder Scholle
- Geräucherter Lachs

Küchenzubehör
- 1 Sushi-Matte aus Bambus

Sushi-Rollen sind ein perfekter Snack für zwischendurch. Das Rollen der Sushis mag anfangs etwas schwierig erscheinen, aber mit ein wenig Ausdauer und Übung wird es Ihnen bald ebenso leichtfallen, wie ein Sandwich zu belegen. Wenn Sie alle Zutaten besorgt haben und das Zubehör bereitliegt, kann nichts schiefgehen.

Das Nori-Blatt quer halbieren und mit der glänzenden Seite nach unten auf die Sushi-Matte legen. Die Hände in einer Schüssel mit Wasser befeuchten und den vorbereiteten Sushi-Reis zu einer Wurst formen.

Den Reis auf das Nori-Blatt legen und gleichmäßig darauf verteilen, am oberen Ende jedoch einen ein Zentimeter breiten Rand frei lassen, um die Rolle später zu verschließen.

Mit dem Zeigefinger einen Streifen Wasabi-Paste auf dem Reis entlang der Mitte verstreichen und die gewünschte Füllung (bleistiftdünn geschnitten) darauflegen.

Mit beiden Daumen und Zeigefingern das vordere Ende der Sushi-Matte anheben und gleichzeitig mit den Mittel- und Ringfingern die Füllung festhalten. Mithilfe der Matte das Nori-Blatt mit dem Reis sachte von vorne einrollen.

Die Matte öffnen, sodass die Sushi-Rolle zum Vorschein kommt. Dann die Matte um die Rolle wickeln und mit den Händen rundum vorsichtig von der Mitte zu den Rändern fahren, um eine gleichmäßige Rolle zu formen.

Die Sushi-Rolle zum Schneiden auf ein Brett legen, ein scharfes Messer anfeuchten und die Rolle in der Mitte durchschneiden. Die beiden Hälften nebeneinanderlegen und in je drei gleich große Stücke schneiden – fertig sind sechs perfekt geformte Sushi-Rollen.

# Gefüllte Sushis

Für 1 Person

## Für die gewürzten Tofutaschen

- 2 frittierte Tofutaschen (Fertigprodukt)
- 100 ml Wasser
- 1 EL Zucker
- 2 EL Sojasauce (siehe Seite 14)
- 1 EL Mirin (süßer Reiswein; siehe Seite 13)

## Für die frittierten gefüllten Sushis

- 2 gewürzte Tofutaschen, halbiert (siehe oben)
- 1 EL eingelegter Sushi-Ingwer, fein gehackt
- 2 TL gerösteter Sesam (siehe Seite 10)
- 160 g gegarter Sushi-Reis (siehe Seite 132)

Süß gewürzte frittierte Tofutaschen sind eine klassische Zutat für gefüllte Sushis. Obwohl bereits gewürzte frittierte Tofutaschen im Handel erhältlich sind, bereite ich sie lieber selber zu. Die gewürzten Tofutaschen halten sich im Kühlschrank vier bis fünf Tage, tiefgekühlt bis zu einem Monat.

Die frittierten Tofutaschen halbieren und kochend heißes Wasser darübergießen, um überschüssiges Öl zu entfernen. Die halbierten Tofutaschen vorsichtig öffnen, sodass eine Tasche entsteht. Mit dem Wasser und Zucker in einen Topf geben, zum Kochen bringen und 3 Minuten bei mittlerer bis starker Hitze garen.

Sojasauce und Mirin hinzufügen. Bei schwacher Hitze köcheln lassen, bis die meiste Flüssigkeit verdampft ist.

Für die gefüllten Sushis die Tofutaschen mit Küchenpapier sachte trocken tupfen. Den gehackten Ingwer mit dem Sesam und dem Sushi-Reis vermischen und die Masse in vier gleich große Portionen teilen. Mit einem angefeuchteten Esslöffel je eine Portion Reis in eine Tofutasche geben und den oberen Rand der Taschen umklappen, um sie zu verschließen.

# Lachs-Furikake

Furikake sind japanische Würzmischungen, die man über Reis streut – eine gesunde Beilage und genau das Richtige für eine »Bento« (japanische Lunchbox). Die Zutaten werden in einer Pfanne erhitzt, bis die gesamte Flüssigkeit verdampft ist.

Das Lachsfilet mit dem Salz einreiben, für 30 Minuten in den Kühlschrank stellen und anschließend bis zum gewünschten Gargrad grillen. Die Haut abziehen und wegwerfen, das Filet mit den Händen fein zerpflücken.

Diese Lachsflocken mit der Sojasauce in einer Antihaft-Pfanne bei schwacher Hitze ununterbrochen mit zwei Stäbchen rühren, bis die gesamte Flüssigkeit verdampft ist. Sesam und Nori untermischen und die Furikake abkühlen lassen.

Den abgekühlten Reis in eine Lunchbox füllen und mit der Lachs-Furikake bestreuen.

**Für 1 Person**

- 100 g frisches Lachsfilet
- $\frac{1}{2}$ TL Salz
- 1 TL helle Sojasauce (siehe Seite 14)
- 2 EL gerösteter Sesam (siehe Seite 10)
- $\frac{1}{2}$ Blatt Nori (Rotalgen; siehe Seite 14), fein zerkrümelt
- 100 g abgekühlter gegarter Naturreis (siehe Seite 31)

# Wakame-Grüntee-Furikake

In einem verschlossenen Behälter im Kühlschrank aufbewahrt, hält sich die Furikake-Mischung sieben Tage.

Die getrocknete Wakame zusammen mit den Teeblättern im Mörser fein zerreiben.

Eine Pfanne mit Antihaftbeschichtung bei niedriger Temperatur erhitzen und die Wakame-Tee-Mischung darin ohne Fett knusprig rösten. Den gerösteten Sesam untermischen und die Furikake abkühlen lassen.

Den abgekühlten Reis in eine Lunchbox füllen und mit der Wakame-Grüntee-Furikake bestreuen.

**Für 1 Person**

- 15 g getrocknete Wakame (Braunalge; siehe Seite 15)
- 1 EL Grünteeblätter (bevorzugt Gyokuro von bester Qualität)
- 1 EL gerösteter Sesam (siehe Seite 10)
- 100 g abgekühlter gegarter Naturreis (siehe Seite 31)

# Omusubi (Reisbällchen)

Ergibt 1 Bällchen

- 2 TL Salz
- 100 ml kaltes Wasser
- 80 g warmer gegarter Naturreis (siehe Seite 31)
- 1 Blatt Nori (Rotalgen, siehe Seite 14)

Für die Füllung eine der folgenden Zutaten auswählen

- Umeboshi (eingelegte Umefrüchte; siehe Seite 15), entsteint
- Takuan (eingelegter gelber Daikon-Rettich; siehe Seite 10), geraspelt
- Verschiedene japanische Pickles, überschüssige Flüssigkeit abgetropft
- 1 kleines Stück gegrillter Fisch
- Gehackter geräucherter Lachs

Omusubi sind ein beliebter japanischer Snack. Für die Zubereitung wird warmer Reis mit etwas Füllung in der Mitte zu Bällchen oder Dreiecken geformt und mit Nori-Blättern oder anderen trockenen Zutaten umwickelt oder bedeckt. Der Auswahl der Zutaten sind dabei fast keine Grenzen gesetzt, und hat man die Technik erst einmal gelernt, ist die Zubereitung ebenso reizvoll wie der Geschmack. Ich stelle hier dreieckige Omusubi in Nori-Blättern vor. Meist wird die Füllung vom Reis komplett umhüllt, doch können Sie den Reis auch so formen, dass wie auf dem Foto, für das die Omusubi mit weißem Reis zubereitet wurden, etwas Füllung zu sehen ist.

In einer Schüssel das Salz in dem Wasser auflösen und beide Hände mit dem Wasser befeuchten.

Einen Teelöffel vom warmen Reis zurückbehalten. Den restlichen Reis auf eine Handfläche geben und sachte zusammendrücken. Eine Vertiefung in der Mitte formen, eine bevorzugte Füllung hineingeben (der Klassiker ist etwas gehackte Umeboshi) und mit dem zurückbehaltenen Reis bedecken. Mit dem Zeigefinger und Mittelfinger der anderen Hand die Reisportion in der Hand zu einem gleichmäßigen Dreieck formen.

Ein Nori-Blatt in zwei Dreiecke schneiden. Die geformte Reisportion auf ein Nori-Dreieck setzen und mit der unteren Ecke des Dreiecks bedecken. Schließlich die beiden anderen Ecken des Nori-Dreiecks um den Reis legen, sodass nur die Spitze des Omusubi frei bleibt.

# Frühlingsrollen

Für 2 Personen

- 4 Reisblätter, in Wasser eingeweicht
- 1 Minigurke
- 1 kleine Möhre
- ½ Avocado, geschält, mit etwas Zitronensaft beträufelt
- 2 EL Tofujoghurt
- 1 TL mittelhelles Miso (Sojabohnenpaste; siehe Seite 14)
- ½ TL Wasabi-Paste (japanischer Meerrettich; siehe Seite 15)
- 4 grüne Salatblätter, geputzt
- 100 g gegarte Garnelen

Reispapier wird aus Reismehl hergestellt, ist kalorienarm und enthält kein Fett. Zudem lässt es sich schnell und problemlos verarbeiten und ist somit die ideale Zutat für einen unkomplizierten Snack zum Mitnehmen.

Die eingeweichten Reisblätter trocken tupfen, zwischen angefeuchtetes Küchenpapier legen und das Gemüse vorbereiten.

Die Gurke der Länge nach halbieren, die Hälften erneut längs halbieren und das weiche Innere mitsamt den Kernen wegschneiden. Die Möhre schälen und in bleistiftdünne Stifte schneiden. Die Avocadohälfte längs in vier Streifen schneiden. Den Tofujoghurt mit dem Miso und der Wasabi-Paste verrühren.

Ein Blatt Reispapier auf ein sauberes Brett legen. Ein Salatblatt und je ein Viertel von der Gurke, der Möhre, der Avocado und den Garnelen daraufgeben. Ein Viertel des gewürzten Tofujoghurts darauf verteilen und das Reispapier mit der Füllung zu einem festen Päckchen rollen. Dafür zuerst die beiden Ränder links und rechts nach innen klappen, dann das Papier mit der Füllung einrollen. Die restlichen Reisblätter ebenso füllen und einrollen. Die Frühlingsrollen jeweils in der Mitte schräg durchschneiden und in eine Lunchbox legen.

Es mag manche überraschen, dass man in der traditionellen japanischen Küche keine Salate kennt. Dafür gibt es aber »Sunomono« (»Dinge in Essig«) und »Aemono« (»kombinierte« oder »harmonische« Dinge), die meist in kleinen Portionen als Beilagen in eleganten Schälchen serviert werden. Die traditionellen japanischen Zubereitungstechniken von »Sunomono« und »Aemono« mit klassischen Zutaten wie Reisessig, Sojasauce und Miso (Sojabohnenpaste) lassen viel Raum für Kreativität.

Alle Rezepte in diesem Kapitel habe ich als vollständige Mahlzeiten zum Mittag oder Abend konzipiert. Einige Gerichte sind sättigender als andere, und bei der Menge sollten Sie auch bedenken, ob das Gericht als Mittag- oder Abendessen gedacht ist. Bei vielen Rezepten mit Daikon-Rettich können Sie für eine größere Portion einfach etwas mehr Daikon verwenden, denn er besteht zu über 95 Prozent aus Wasser und ist sehr kalorienarm. Wer dann immer noch ein wenig Hunger verspürt, kann sich jederzeit und ohne schlechtes Gewissen einen der köstlichen kleinen Snacks aus dem Kapitel »Für den Heißhunger« auswählen.

Salate

## Bunter Kartoffelsalat mit Minze-Soja-Dressing

**Für 2 Personen**

- 6 kleine neue Kartoffeln, gründlich gewaschen
- 100 g zarte grüne Bohnen, geputzt und halbiert
- ½ rote Zwiebel, in dünne Scheiben geschnitten
- 1 Knoblauchzehe, halbiert
- 10 Kirschtomaten, halbiert
- 100 g kleine Spinatblätter, gewaschen und abgetropft
- 1 TL gerösteter Sesam (siehe Seite 10)

**Für das Minze-Soja-Dressing**
- 4 EL Sojasauce (siehe Seite 14)
- 1 EL flüssiger Honig
- 1 EL Reisessig (siehe Seite 15)
- 1 TL Sesamöl
- 1 Handvoll frische Minzeblätter, fein zerpflückt

Diese Art Salat esse ich an einem warmen Sommertag besonders gern. Er sieht nicht nur schön aus, sondern schmeckt auch wunderbar aromatisch.

Die Kartoffeln in dicke Scheiben schneiden und 10 Minuten kochen. Die grünen Bohnen 2–3 Minuten blanchieren, in ein Sieb abgießen, unter fließendem kaltem Wasser abschrecken und zum Abtropfen beiseitestellen. Die Zwiebelscheiben in eine Schale mit kaltem Wasser legen, um den intensiven Geschmack zu mildern; nach 10 Minuten abgießen.

Eine Salatschüssel oder Servierplatte mit den Knoblauchhälften einreiben. Die Zutaten für das Dressing verrühren.

Sämtliches Gemüse für den Salat in die Salatschüssel oder auf die Servierplatte geben und das Dressing darüberträufeln. Den Salat mischen und mit dem gerösteten Sesam bestreuen. Mit Stäbchen servieren.

# Nudelsalat mit Spargel, grünen Bohnen und Hijiki

Für 2 Personen

- 200 g getrocknete Soba (Buchweizennudeln; siehe Seite 14)
- 2 EL getrocknetes Hijiki (Seegras; siehe Seite 10)
- 100 g grüne Bohnen, geputzt und der Länge nach halbiert
- 10 Stangen grüner Spargel, in ebenso lange Stücke wie die Bohnen geschnitten
- 1 TL gerösteter Sesam (siehe Seite 10)

Für das Sesamdressing
- 2 EL gerösteter Sesam (siehe Seite 10)
- 1 EL Rohrohrzucker (im Asienladen: Light Brown Soft Sugar)
- 2 EL Sojasauce (siehe Seite 14)
- 1 TL Miso (Sojabohnenpaste; siehe Seite 14)

Solche Kombinationen verschiedener Aromen und Texturen schätze ich sehr. Das Sesamdressing verbindet die Zutaten auf harmonische Weise zu einem ebenso schmackhaften wie sättigenden Salat.

In einem Topf Wasser zum Kochen bringen, die Nudeln hineingeben und durchrühren, um sie zu trennen. Beginnt das Wasser wieder zu kochen und hochzusprudeln, ein Glas kaltes Wasser und das Hijiki hinzufügen. Das Wasser erneut aufkochen lassen, dann die Nudeln mit dem Hijiki in ein großes Sieb abgießen. Unter fließendem kaltem Wasser abspülen und abtropfen lassen.

Die Bohnen in einen zweiten Topf mit sprudelnd kochendem Wasser geben und 2–3 Minuten garen, dann den Spargel dazugeben und alles 1 weitere Minute garen. Das Gemüse in ein Sieb abgießen, unter fließendem kaltem Wasser abschrecken und gut abtropfen lassen.

Für das Dressing die Sesamsamen in einem Mörser grob zermahlen. Die übrigen Zutaten hinzufügen und alles zu einem cremigen Dressing verarbeiten.

Die Nudeln, das Gemüse und das Dressing in einer Schüssel sachte vermischen. Auf zwei Servierteller verteilen, mit dem gerösteten Sesam garnieren und mit Stäbchen servieren.

# Bohnen-Sprossen-Salat mit Chili-Sesam-Dressing

Auch dieses Gericht mit Bohnen und Bohnensprossen lässt sich schnell und leicht zubereiten. In der kalten Jahreszeit können Sie es warm servieren und im Sommer gut gekühlt.

Die Dicken Bohnen und die gewürfelte Möhre in einem Topf mit kochendem Wasser 2–3 Minuten garen und abgießen. Die frischen Dicken Bohnen enthäuten.

Die Bohnensprossen in einem zweiten Topf in kochendem Wasser kurz blanchieren, in ein Sieb abgießen und gut abtropfen lassen. Die Bohnen aus der Dose abgießen, unter fließendem kaltem oder heißem Wasser (je nachdem, ob das Gericht warm oder kalt serviert werden soll) abspülen und abtropfen lassen.

Sämtliche Zutaten für das Dressing verrühren. Bohnen, Bohnensprossen, Möhre und Zwiebel in einer Schüssel mit dem Dressing beträufeln und alles gut vermischen. Den Salat auf zwei Servierteller verteilen und nach Belieben warm oder gekühlt mit Stäbchen servieren.

**Für 2 Personen**

- 75 g Dicke Bohnen, frisch oder tiefgekühlt
- 1 Möhre, geschält und gewürfelt
- 100 g Bohnensprossen, Wurzeln weggeschnitten
- 200 g verschiedene Bohnen aus der Dose (Abtropfgewicht)
- ½ rote Zwiebel, fein gehackt

**Für das Chili-Sesam-Dressing**

- 2 Frühlingszwiebeln, fein gehackt
- 2 EL Sojasauce (siehe Seite 14)
- 1 TL Sesamöl
- 1 TL flüssiger Honig
- 1 EL gerösteter Sesam (siehe Seite 10), im Mörser zermahlen
- ¼–½ TL Chilipulver

# Schneller Spitzkohlsalat mit süßer Vinaigrette

**Für 2 Personen**

- 4–6 große Blätter Spitzkohl, in mundgerechte Stücke gehackt
- 1 Möhre, geschält und in Scheiben geschnitten
- 1 Stück Kombu (Zuckerriementang; siehe Seite 13), von der Größe ½ Postkarte, in dünne, kleine Streifen geschnitten
- ½ TL Salz
- 50 g Renkon (Lotoswurzel; siehe Seite 14)
- 10 Zuckerschoten, diagonal halbiert

**Für die süße Vinaigrette**

- 2 EL Reisessig (siehe Seite 15)
- 1 EL flüssiger Honig
- 1 TL helle Sojasauce (siehe Seite 14)

Junger Spitzkohl ist angenehm zart und hat einen süßlich milden Geschmack, der in frischem Salat am besten zur Geltung kommt.

Kohl, Möhre und Kombu in einer Schüssel gleichmäßig mit dem Salz bestreuen und mit den Händen durchkneten.

Eine etwas kleinere Schüssel (sie soll in die erste Schüssel passen) mit Wasser füllen und für 30 Minuten auf die Kohlmischung setzen. Die Lotoswurzel längs halbieren oder vierteln und in dünne halbmondförmige Scheiben oder Dreiecke schneiden. Die halbierten Zuckerschoten in kochendem Wasser kurz blanchieren und sofort kalt abschrecken.

Sämtliche Zutaten für die Vinaigrette verrühren.

Die Kohlmischung mit den Händen ausdrücken, um überschüssiges Wasser zu entfernen. Zuckerschoten, Lotosscheiben und Vinaigrette gut untermischen. Den Salat vor dem Servieren 10 Minuten durchziehen lassen.

### Tipp

Außerhalb Japans wird Lotoswurzel meist bereits gegart und in Wasser vakuumverpackt angeboten. Auf diese Weise sind die Wurzeln relativ lange haltbar und leicht zu verwenden. Wenn Sie nicht den gesamten Packungsinhalt benötigen, können Sie den Rest in einer Schale mit frischem Wasser bis zu einer Woche im Kühlschrank aufbewahren.

## Daikon-Avocado-Salat mit Yuzu-Vinaigrette

**Für 2 Personen**

- 200 g Daikon-Rettich (siehe Seite 10), gründlich gewaschen
- 1 Möhre, gründlich gewaschen
- 1 Minigurke
- 1 kleine rote Zwiebel, geschält
- 100 g tiefgekühlte Edamame (grüne Sojabohnen)
- ½ rote Paprikaschote, Samen und Scheidewände entfernt
- ½ gelbe Paprikaschote, Samen und Scheidewände entfernt
- 1 Avocado
- 1 Granatapfel

**Für die Yuzu-Vinaigrette**

- 2 TL Yuzu-Saft (japanische Zitrusfrucht; siehe Tipp)
- 2 EL Reisessig (siehe Seite 15)
- 1 EL helle Sojasauce (siehe Seite 14)
- 1 EL flüssiger Honig

Dies ist einer meiner Lieblingssalate. Er sieht nicht nur wunderschön aus, sondern enthält auch viele Zutaten, die sich positiv auf die Gesundheit und die Haut auswirken.

Den Daikon und die Möhre mit einer japanischen Daikon-Reibe (oder Rohkostreibe) in eine große Schüssel mit eiskaltem Wasser reiben. Die Gurke schälen und längs halbieren. Das weiche Innere mitsamt den Kernen herauslösen und wegwerfen. Die Gurke ebenso wie Daikon und Möhre in die Schüssel reiben.

Die Zwiebel in ganz dünne Scheiben schneiden, in die Schüssel geben und alles sachte mit den Händen vermischen. Für mindestens 30 Minuten in den Kühlschrank stellen.

In der Zwischenzeit die Edamame 2 Minuten in kochendem Wasser garen, in ein Sieb abgießen, unter fließendem kaltem Wasser abschrecken und abtropfen lassen. Die Paprikaschoten in dünne Juliennestreifen schneiden. Die Daikon-Mischung abgießen, abtropfen lassen und auf zwei Servierteller verteilen. Die Paprikastreifen darübergeben.

Die Avocado halbieren, entsteinen und schälen. Das Fruchtfleisch würfeln und auf den zwei Salatportionen verteilen. Die Edamame und die Granatapfelkerne mit etwas -saft darübergeben. Sämtliche Zutaten für die Vinaigrette verrühren und gleichmäßig über die Portionen träufeln. Mit Stäbchen servieren.

**Tipp**

Yuzu ist eine Zitrusfrucht von der Größe einer kleinen Mandarine, deren Schale und Saft zum Aromatisieren verwendet werden. Außerhalb Japans wird der Saft in kleinen Flaschen verkauft, die man nach dem Öffnen unbedingt im Kühlschrank aufbewahren sollte. Als Ersatz können Sie auch Limettensaft verwenden.

## Tofu-Krabben-Salat mit Wasabi-Dressing

Seidentofu und cremige Avocado sind eine köstliche Kombination, die das Wasabi-Dressing pikant unterstreicht. Auch Thunfisch aus der Dose oder gegarte Garnelen passen gut zu diesem Rezept.

Den Seidentofu in mehrere Schichten Küchenpapier wickeln und zum Abtropfen auf einem Teller für 30 Minuten in den Kühlschrank stellen.

Die Zwiebelscheiben in eine Schüssel mit kaltem Wasser geben, um den Geschmack zu mildern. Die Avocado halbieren, schälen, entsteinen, in dünne Scheiben schneiden und mit dem Limettensaft beträufeln. Den Tofu in etwa fünf Millimeter große Würfel schneiden und auf einer Platte anrichten.

Die Zutaten für das Dressing verrühren. Avocadoscheiben und Krabbenfleisch auf dem Tofu verteilen. Die Zwiebel abgießen und darübergeben. Mit dem Dressing beträufeln, mit Petersilie garnieren und mit Stäbchen servieren.

### Für 2 Personen

- 200 g Seidentofu (siehe Seite 15)
- ½ rote Zwiebel, fein geschnitten
- 1 Avocado
- Frisch gepresster Saft von ½ Limette
- 100 g weißes Krabbenfleisch
- Einige Zweige glatte Petersilie

### Für das Wasabi-Dressing

- 1 TL Wasabi-Paste (siehe Seite 15)
- 1 EL helle Sojasauce (siehe Seite 14)
- 1 EL Reisessig (siehe Seite 15)
- 3 EL natives Olivenöl extra

## Tofu-Caesar-Salat

Wir wissen alle, wie gesund Tofu ist, doch vielen schmeckt er zu mild. Aber genau dieser milde Geschmack macht den Tofu so vielseitig. Tofu ist wie eine weiße Leinwand, auf der Sie ein delikates kulinarisches Gemälde erschaffen.

Den Tofu in mehrere Schichten Küchenpapier wickeln und 1 Minute bei 600–800 Watt in der Mikrowelle trocknen. Herausnehmen und den eingewickelten Tofu auf noch mehr Küchenpapier zum Abkühlen und Trocknen beiseitestellen.

Die Salatblätter mit der Brunnenkresse auf zwei Tellern anrichten. Sämtliche Zutaten für das Dressing in ein Schraubglas füllen, das Glas verschließen und kräftig schütteln.

Den Tofu in 2,5 Zentimeter breite Würfel schneiden. Das Öl in einer Pfanne erhitzen und den Speck mit dem Tofu darin knusprig braten. Mit einem Schaumlöffel zum Abtropfen auf Küchenpapier geben und dann auf dem Salat verteilen. Mit dem Dressing beträufeln und mit Stäbchen servieren.

### Für 2 Personen

- 200 g fester Tofu (siehe Seite 15)
- 50 g Romana, grob gehackt
- 25 g Brunnenkresse, gewaschen
- 1 EL Pflanzenöl
- 2 Scheiben durchwachsener Speck, gehackt

### Für das Dressing

- ½ TL geriebener Knoblauch
- ½ EL frisch gepresster Zitronensaft
- ½ ganz frisches Eigelb
- 2 Sardellenfilets, fein zerdrückt
- 2–3 Spritzer Worcestersauce
- 2 EL natives Olivenöl extra
- Salz, frisch gemahlener Pfeffer

# Tofusalat

Für 2 Personen

- 200 g fester Tofu (siehe Seite 15)
- ½ weiße oder rote Zwiebel
- 1 Minigurke
- 1 Möhre, gründlich gewaschen
- 50 g Eisbergsalat, in dünne Streifen geschnitten
- 6 Radieschen, in dünne Scheiben geschnitten
- 50 g Brunnenkresse, gewaschen und geputzt
- 2 TL gerösteter Sesam (siehe Seite 10)

**Für das Dressing**

- 2 EL gerösteter Sesam (siehe Seite 10)
- 20 g Tofu (von dem vorbereiteten Tofu; siehe oben)
- 2 EL Reisessig (siehe Seite 15)
- 1 EL Sojasauce (bevorzugt helle Sojasauce; siehe Seite 14)
- 1 TL Zucker
- ½ TL Sesamöl

Tofu ist in diesem Salat nicht nur die wichtigste Zutat, sondern auch die Basis für das Dressing.

Den Tofu in mehrere Schichten Küchenpapier wickeln und für 1 Minute bei 600–800 Watt in die Mikrowelle geben, um überschüssiges Wasser zu entfernen (Tofu besteht zu fast 90 Prozent aus Wasser). Herausnehmen und den eingewickelten Tofu auf noch mehr Küchenpapier zum Abkühlen beiseitestellen.

Inzwischen die Zwiebel so dünn wie möglich in Scheiben schneiden und in eine Schale mit kaltem Wasser geben, um den scharfen Geschmack zu mildern. Die Gurke schälen, längs halbieren, das weiche Innere mitsamt den Kernen herauslösen und wegwerfen. Die Gurkenhälften und die Möhre in dünne Juliennestreifen schneiden.

Den Sesam für das Dressing im Mörser grob zerreiben. 20 Gramm vom zuvor zubereiteten Tofu hinzugeben und mit dem Sesam zu einer cremigen Paste verarbeiten. Die übrigen Zutaten für das Dressing unterrühren, eventuell mit etwas Wasser verdünnen.

Den Tofu mit den Fingern in mundgerechte Stücke brechen und in zwei gleich große Portionen teilen. Die Zwiebelscheiben abgießen und das gesamte Gemüse ebenfalls in je zwei Portionen teilen. Je eine Portion Tofu auf einen Servierteller geben und darauf nacheinander Salat, Möhre, Gurke, Radieschen, Brunnenkresse und Zwiebel geben. Mit dem Dressing beträufeln, mit den Sesamsamen garnieren und mit Stäbchen servieren.

# Japanische Schollen-Ceviche mit Grapefruit und Rucola

Ceviche stammt nicht aus Japan, sondern ist eine Spezialität aus Mittel- und Südamerika. Doch in Japan wird roher Fisch auf ähnliche Weise mit Zitrusfrüchten und Reisessig zubereitet.

Mit den Fingern über das Fischfilet fahren, um zu prüfen, ob sich darin noch Gräten befinden. Etwaige Gräten mit einer Pinzette herausziehen. Das Filet zuerst längs in zwei Hälften und dann schräg in möglichst dünne Scheiben schneiden.

Für die Marinade Reisessig, Yuzu-Saft sowie die Schale und den Saft der Limetten in einer flachen Schüssel verrühren. Den Fisch hineingeben, mit Frischhaltefolie bedecken und 1–1 ½ Stunden im Kühlschrank marinieren. Der durchscheinende Fisch sollte in der Marinade eine milchig-weiße Farbe annehmen.

In der Zwischenzeit die Edamame 2 Minuten in kochendem Wasser garen. In ein Sieb abgießen, unter fließendem kaltem Wasser abschrecken und anschließend zum Abtropfen und Abkühlen beiseitestellen.

Den Rucola auf zwei Servierteller verteilen und die Grapefruit-filets und Edamame gleichmäßig darauf anrichten. Den Fisch aus der Marinade nehmen und mit Küchenpapier trocken tupfen. Auf den Salatportionen verteilen. Erst mit Olivenöl, dann mit Sojasauce beträufeln. Mit Sesamsamen und Chiliflocken garnieren und mit Stäbchen servieren.

## Für 2 Personen

- 200 g Schollenfilet, Gräten und Haut entfernt
- 4 EL tiefgekühlte Edamame (grüne Sojabohnen)
- 2 große Handvoll Rucola
- 1 Grapefruit, geschält, Filets herausgelöst
- 1 EL natives Olivenöl extra
- 1 EL helle Sojasauce (siehe Seite 14)
- 1 TL gerösteter schwarzer und weißer Sesam (siehe Seite 10)
- ½ TL Chiliflocken

## Für die Ceviche-Marinade

- 2 EL Reisessig (siehe Seite 15)
- 1 TL Yuzu-Saft (japanische Zitrusfrucht; siehe Seite 15)
- Fein abgerieben Schale und frisch gepresster Saft von 2 unbehandelten Limetten

# Klassische Lachs-Sashimi mit Daikon-Salat

Ein Grundsatz der japanischen Küche lautet, dass jede Art von Seafood, das für den Rohverzehr frisch genug ist, auch roh gegessen wird. Warum soll man kochen, wenn es nicht nötig ist? Sashimi zuzubereiten verlangt jedoch viel Können und sollte lieber den Fachleuten überlassen werden. In Japan kann man Sashimi fertig kaufen, doch auch im Westen bieten immer mehr Fischhändler Seafood von Sashimi-Qualität an und können dieses, zumindest teilweise, auch vorbereiten. Hier ist die Frische des Lachses ausschlaggebend.

Für den Salat benötigen Sie eine japanische Daikon-Reibe, doch handelt es sich dabei um ein günstiges Küchengerät, ersatzweise eignet sich auch eine normale Rohkostreibe.

**Für 2 Personen**

**Für den Daikon-Salat**
- 200 g Daikon-Rettich (siehe Seite 10), gründlich gewaschen
- 1 Minigurke
- 1 EL schwarzer Sesam (siehe Seite 10)

- 200 g ganz frisches Biolachsfilet von Sashimi-Qualität, vom Fischhändler enthäutet

**Für das Wasabi-Ingwer-Dressing**
- 1 EL eingelegter Sushi-Ingwer
- ½ TL Wasabi-Pulver (japanischer Meerrettich; siehe Seite 15)
- 2 EL Sojasauce (siehe Seite 14)
- 2 TL Reisessig (siehe Seite 15)
- 2 EL Wasser

Den Daikon mit der Reibe in eine große Schüssel mit eiskaltem Wasser reiben. Die Gurke schälen und längs halbieren. Das weiche Innere mitsamt den Kernen herausschaben und wegwerfen. Die Gurke ebenfalls in die Schüssel reiben. Daikon und Gurke sachte mit den Händen vermischen und für mindestens 30 Minuten in den Kühlschrank stellen, während der Fisch zubereitet wird.

Mit den Fingern über das Fischfilet fahren, um zu prüfen, ob sich darin noch Gräten befinden. Etwaige Gräten mit einer Pinzette herausziehen. Braune Stellen so dünn wie möglich vom Filet wegschneiden. Das Filet diagonal in ein Zentimeter dicke Scheiben (etwa von der doppelten Größe einer Briefmarke) schneiden.

Sämtliche Zutaten für das Dressing in einem kleinen Mixer zu einer cremigen Sauce verarbeiten. Die Daikon-Gurken-Mischung abgießen, abtropfen lassen und in zwei gleich große Portionen teilen. Auf zwei Servierteller häufen, mit dem schwarzen Sesam garnieren und je die Hälfte der Lachsscheiben daneben anrichten. Alles mit dem Dressing beträufeln (oder das Dressing als Dip dazu reichen) und mit Stäbchen servieren.

## Nudelsalat mit gesalzenem Lachs

Lachs wird in Japan gewöhnlich in Salz eingelegt verkauft – ein bisschen Salz unterstreicht den feinen Geschmack und die Textur des Fisches besonders gut. Für die Zubereitung dieses Gerichts müssen Sie ein wenig vorausplanen, aber das Ergebnis werden Sie sicher genießen.

Den Lachs am Vorabend rundum mit dem Salz einreiben, locker in Küchenpapier wickeln und auf einem Teller über Nacht in den Kühlschrank stellen. Am nächsten Tag sollte er sich trockener und fester anfühlen. Das Filet in einem Topf mit kaltem Wasser bedecken und bei mittlerer Temperatur langsam erhitzen, jedoch nicht sprudelnd kochen. Den Fisch 10 Minuten behutsam köcheln lassen, herausnehmen und abkühlen lassen.

Inzwischen in einem Topf Wasser aufkochen, die Nudeln hineingeben und durchrühren, um sie zu trennen. Beginnt das Wasser wieder zu kochen und hochzusprudeln, ein Glas kaltes Wasser hinzugießen. Das Wasser erneut aufkochen lassen, dann die Nudeln in ein großes Sieb abgießen. Unter fließendem kaltem Wasser abspülen, abtropfen lassen und mit einer Küchenschere in mundgerechte Stücke schneiden. Salatblätter und Nudeln in einer Schüssel sachte vermischen, die Zutaten für das Dressing verrühren. Den Lachs mit den Fingern enthäuten, in mundgerechte Stücke zerteilen und mit den Frühlingszwiebeln auf dem Salat verteilen, mit Dressing beträufeln und mit Sesam bestreuen. Mit Stäbchen servieren.

**Für 2 Personen**

- 200 g Lachsfilet mit Haut
- 1 TL Salz
- 200 g getrocknete Soba (Buchweizennudeln; siehe Seite 14)
- 100 g gemischte Salatblätter, zerpflückt
- 2 Frühlingszwiebeln, schräg in dünne Scheiben geschnitten
- 2 TL gerösteter Sesam (siehe Seite 10), im Mörser grob zermahlen

**Für das Dressing**

- 2 EL natives Olivenöl extra
- 2 EL Reisessig (siehe Seite 15)
- 1 EL Sojasauce (siehe Seite 14)
- 1 TL Sesamöl

## Daikon-Gurken-Salat mit geräuchertem Lachs

Geräucherter Lachs hat einen wunderbaren Geschmack und kann eine schlichte Schale Salat zu etwas Besonderem machen. Knackiger Daikon und pfeffrig-scharfe Brunnenkresse harmonieren hervorragend mit dem fettreichen Fisch.

Den Daikon mit einer japanischen Daikon-Reibe (oder einer Rohkostreibe) in eine große Schüssel mit eiskaltem Wasser reiben. Die Möhre ebenso wie den Daikon in die Schüssel reiben. Die Gurke schälen, längs halbieren, das weiche Innere mitsamt den Kernen herauslösen und wegwerfen. Die Gurke ebenfalls in die Schüssel reiben. Das Gemüse mischen und für mindestens 30 Minuten in den Kühlschrank stellen, damit es knackig wird.

**Für 2 Personen**

- 500 g Daikon-Rettich (siehe Seite 10), geschält
- 1 Möhre, geschält
- 1 Minigurke

- 1 Handvoll Rucola
- 100 g geräucherter Lachs, mit den Fingern in Streifen zerteilt

Für das Brunnenkresse-Dressing
- 50 g Brunnenkresse, grob gehackt
- 2 EL helle Sojasauce (siehe Seite 14)
- 2 EL Reisessig (siehe Seite 15)
- 1 TL Rohrohrzucker (im Asienladen: Light Brown Soft Sugar)
- 1 TL schwarzer Sesam (siehe Seite 10)
- 2 EL Sonnenblumenöl

Inzwischen sämtliche Zutaten für das Dressing im Mixer zu einer cremigen Sauce verarbeiten.

Die Daikon-Mischung abgießen, abtropfen lassen und gleichmäßig auf zwei Servierteller verteilen. Den Rucola daraufgeben und die Lachsstreifen obenauf anrichten. Mit dem Dressing beträufeln und mit Stäbchen servieren.

# Jakobsmuschel-Sashimi mit Salat

Für 2 Personen

Für den Daikon-Salat
- 200 g Daikon-Rettich (siehe Seite 10), gründlich gewaschen
- 1 Möhre, gründlich gewaschen, Enden weggeschnitten
- 1 Minigurke

- 4 Jakobsmuscheln, ausgelöst
- 1 Frühlingszwiebel, fein gehackt
- Einige Zweige Koriandergrün
- 1 TL gerösteter schwarzer und weißer Sesam (siehe Seite 10)
- 2 TL Wasabi-Pulver (japanischer Meerrettich; siehe Seite 15), mit 1 EL Wasser zu einer Paste verrührt
- 2 EL Tamari oder andere Sojasauce (siehe Seite 14)

Jakobsmuscheln sind kalorienarm, aber reich an Eiweiß und Vitamin $B_2$, das den Fett- und Kohlenhydratstoffwechsel unterstützt – ideal für eine Diät. Ich mag sie zudem wegen ihrer saftigen Textur und ihres mild-süßen Geschmacks. Besonders gut schmecken sie in der kalten Jahreszeit, und sie sollten natürlich ganz frisch und aus nachhaltigem Fischfang sein.

Den Daikon mit einer japanischen Daikon- oder Rohkostreibe in eine große Schüssel mit eiskaltem Wasser reiben. Die Möhre ebenso in die Schüssel reiben. Die Gurke schälen, längs halbieren und das weiche Innere mitsamt den Kernen herauslösen. Die Gurke ebenfalls in die Schüssel reiben. Das Gemüse vermischen und für mindestens 30 Minuten in den Kühlschrank stellen.

Das Muschelfleisch, falls nötig, säubern. Dafür den orangegelben Rogen wegschneiden. Die Muscheln unter fließendem kaltem Wasser waschen, mit Küchenpapier trocken tupfen und horizontal in je drei Stücke schneiden.

Die Daikon-Mischung abgießen, abtropfen lassen und auf zwei Servierteller verteilen. Darauf je sechs Muschelstücke überlappend anrichten. Mit Frühlingszwiebel und Koriandergrün dekorieren und mit Sesam bestreuen. Zum Servieren je einen Klecks Wasabi neben den Salat auf die Teller geben. Die Sojasauce als Dip in kleinen Schälchen dazu reichen, mit Stäbchen servieren.

# Kalmarsalat mit Soja-Essig-Dressing

Kalmar wird in Japan gern gegessen. Er hat einen milden Geschmack und eine besondere Textur. Zwar enthält er weniger Eiweiß als Fisch, dafür ist er aber leichter verdaulich. Außerdem ist er fett- und kalorienarm. Das Wichtigste jedoch ist sein hoher Gehalt an Taurin (zwei- bis dreimal so viel wie Fisch), das sich positiv auf den Blutdruck und den Cholesterinspiegel auswirken kann und gut für die Leber ist.

**Für 2 Personen**

Für das Soja-Essig-Dressing
- 2 EL Sojasauce (siehe Seite 14)
- 2 EL Reisessig (siehe Seite 15)
- 1 Knoblauchzehe, gerieben
- 1 TL geriebener frischer Ingwer
- 1 EL flüssiger Honig
- ½–1 TL fein gehackte rote Chilischote, ohne Samen und Scheidewände
- Einige Tropfen Sesamöl

- 200 g Kalmar, Haut und Tintensack entfernt
- 2 EL Reisessig (siehe Seite 15)
- 100 g roter oder rot-grüner Blattsalat
- 1 Minigurke
- ½ rote Zwiebel, in dünne Scheiben geschnitten
- 1 kleine Handvoll zerpflückte frische Minzeblätter zum Garnieren

Sämtliche Zutaten für das Soja-Essig-Dressing verrühren und durchziehen lassen.

Den Kalmar mit dem Messer längs halbieren und reinigen. Von der Innenseite im Zickzackmuster mit einem scharfen Messer leicht einritzen, damit sich der Kalmar beim Erhitzen nicht einrollt, jedoch nicht ganz durch das Fleisch schneiden. Den Körper in 2,5 Zentimeter große Quadrate, die Tentakel in mundgerechte Stücke schneiden. Wasser in einem Topf bei mittlerer Hitze aufkochen und den Reisessig hinzugießen. Die Kalmarstücke 30 Sekunden darin pochieren oder bis sie milchig-weiß sind. Mit einem Schaumlöffel herausnehmen.

Die Salatblätter in vier bis fünf Zentimeter große Stücke zerpflücken. Die Gurke schälen, längs halbieren und das weiche Innere mitsamt den Kernen herauslösen. Die Gurkenhälften schräg in dünne Scheiben schneiden. Kalmar, Salat, Zwiebel und Gurke in einer Schüssel mit dem Dressing übergießen und vermischen. Auf zwei flache Servierteller verteilen, mit den Minzeblättern garnieren und mit Stäbchen servieren.

# Gemüsesalat mit geräucherter Makrele und Miso-Sesam-Dressing

Dieser Salat vereint viele intensive Aromen und schmeckt in kalten Monaten warm serviert am besten. Makrele wird oft unterschätzt. Dabei handelt es sich um einen sehr gesunden Fisch mit einem hohen Anteil an den Omega-3-Fettsäuren Eicosapentaensäure, die das Blut reinigen und vor Arteriosklerose schützen kann und das Sehvermögen fördert sowie Docosahexaensäure, der positive Auswirkungen auf die Gehirnzellen und eine cholesterinsenkende Wirkung zugeschrieben werden. Makrelen sind nicht teuer und nicht überfischt – wir sollten sie viel häufiger essen.

## Für 2 Personen

- 200 g geräuchertes Makrelenfilet
- 100 g Brokkoli
- 100 g Blumenkohl
- 1 Möhre, gründlich gewaschen
- 100 g grüne Bohnen, geputzt
- 2 EL Sonnenblumenöl
- Einige Tropfen Sesamöl
- 2 große Handvoll junge Spinatblätter
- 2 Frühlingszwiebeln
- 1 TL gerösteter Sesam (siehe Seite 10)

## Für das Miso-Sesam-Dressing

- 4 EL gerösteter Sesam (siehe Seite 10), im Mörser zermahlen
- 1 EL Sojasauce (siehe Seite 14)
- 1 TL Miso (Sojabohnenpaste; siehe Seite 14)
- ½ TL geriebener Knoblauch
- 1 TL flüssiger Honig
- 1 EL Reisessig (siehe Seite 15)

Mit den Fingern über das Fischfilet fahren, um zu prüfen, ob sich darin noch Gräten befinden. Etwaige Gräten mit einer Pinzette herausziehen. Die Haut mit den Fingern abziehen, das Fleisch in kleine Stücke teilen und beiseitestellen.

Brokkoli und Blumenkohl in kleine Röschen trennen, die Möhre in dicke Scheiben schneiden. Wasser in einem Topf aufkochen und das gesamte Gemüse mit Ausnahme vom Spinat 2 Minuten darin garen. Abgießen, mit dem Sonnenblumen- und Sesamöl beträufeln und warm halten.

Die Zutaten für das Dressing im Mörser zerreiben und verrühren. Den Spinat unter das noch warme Gemüse mischen.

Die Gemüsemischung auf zwei Servierteller verteilen. Die Makrelenstücke darauf anrichten, mit dem Dressing beträufeln und mit den Frühlingszwiebeln und Sesamsamen garnieren. Den Salat mit Stäbchen servieren.

# Garnelen-Paprika-Salat mit Chili-Dressing

Dieser Salat sieht hübsch aus und steckt voller gesunder Zutaten. Garnelen sind kalorien- und fettarm und enthalten viel Taurin, das sich positiv auf den Cholesterinspiegel und Blutdruck auswirkt. Paprikaschoten enthalten doppelt so viel Vitamin C wie Zitronensaft und Rutin, einen Pflanzenfarbstoff, der die Aufnahme von Vitamin C unterstützt.

## Für 2 Personen

### Für das Chili-Dressing
- 3 EL Reisessig (siehe Seite 15)
- 2 EL Sojasauce (siehe Seite 14)
- 1 EL flüssiger Honig
- 2 TL Chilisauce
- 1 TL Ingwersaft von frisch geriebenem Ingwer
- 1 geriebene Knoblauchzehe
- Einige Tropfen Sesamöl

- 75 g Daikon-Rettich (siehe Seite 10), geschält
- 1 Möhre, gründlich gewaschen
- 1 rote oder orangefarbene Paprikaschote
- 1 gelbe Paprikaschote
- 200 g geschälte gegarte mittelgroße Garnelen
- 100 g junge Spinatblätter
- 2 TL gerösteter Sesam (siehe Seite 10), im Mörser grob zermahlen

Sämtliche Zutaten für das Dressing in ein kleines Schraubglas füllen, das Glas verschließen und kräftig schütteln. Beiseitestellen, damit sich die Aromen verbinden können.

Den Daikon und die Möhre in fünf Zentimeter lange dünne Streifen schneiden und in eine Schüssel mit kaltem Wasser geben. Die Paprikaschoten halbieren, von Samen und Scheidewänden befreien und in dünne Streifen schneiden. Daikon und Möhre abgießen und abtropfen lassen.

Daikon, Möhre, Paprika und Garnelen in einer Schüssel mit der Hälfte des Chili-Dressings beträufeln und alles gleichmäßig vermischen.

Zum Anrichten auf zwei Tellern ein Bett aus Spinatblättern bereiten und die Gemüse-Garnelen-Mischung daraufgeben. Mit dem restlichen Dressing beträufeln, mit dem Sesam bestreuen und mit Stäbchen servieren.

# Bonito-Avocado-Salat mit Wasabi-Honig-Dressing

Die Versuchung war groß, für diesen Salat kurz gebratene Thunfischsteaks zu verwenden, doch habe ich diese nun für ein anderes Rezept in diesem Buch aufgehoben. Ein Salat für den Lunch soll unkompliziert und schnell zubereitet sein – mit Zutaten aus der Vorratskammer und dem Kühlschrank. Das heißt aber nicht, dass es nicht etwas Besonderes ist.

**Für 2 Personen**

- 170 g Thunfischfilet aus der Dose (vorzugsweise Echter Bonito), abgetropft
- 1 EL Kapern, abgespült, abgetropft und fein gehackt
- ¼ weiße oder rote Zwiebel, fein gehackt
- 1 Avocado, geschält, entsteint, gewürfelt
- 1 Fleischtomate, Stielansatz entfernt, grob gehackt
- 100 g junge Spinatblätter
- 2 EL Olivenöl
- 2 Frühlingszwiebeln, schräg in dünne Scheiben geschnitten
- 1 Blatt Nori (Rotalgen; siehe Seite 14), fein zerkrümelt

**Für das Wasabi-Dressing**

- 2 TL Wasabi-Pulver (japanischer Meerrettich; siehe Seite 15), mit 2 EL Wasser zu einer Paste verrührt
- 1 EL flüssiger Honig
- 1 EL Reisessig (siehe Seite 15)
- 2 EL helle Sojasauce (siehe Seite 14)

Thunfisch, Kapern, Zwiebel, Avocado und Tomate in einer großen Schüssel vorsichtig vermischen.

Sämtliche Zutaten für das Dressing verrühren und über die Thunfischmischung träufeln. Den Spinat in eine zweite Schüssel geben, das Olivenöl erwärmen und über dem Spinat verteilen, sodass er leicht zusammenfällt.

Die Spinatblätter auf zwei Tellern anrichten. Den angemachten Salat daraufgeben, mit den Frühlingszwiebeln und dem zerkrümelten Nori-Blatt garnieren. Mit Stäbchen servieren.

# Soba-Nudel-Salat mit Huhn und würzigem Miso-Dressing

Dies ist ein Gericht nach dem Motto: »Schauen wir doch im Kühlschrank nach, was es zum Mittagessen gibt.« Reste vom sonntäglichen Brathähnchen können Sie auf diese Weise wunderbar verwerten. Die Gemüsesorten für den Salat sind dagegen nur ein Vorschlag. Variieren Sie ruhig – je nachdem, was Sie in Ihrem Kühlschrank vorfinden.

In einem Topf Wasser zum Kochen bringen, die Nudeln hineingeben und durchrühren, um sie zu trennen. Beginnt das Wasser wieder zu kochen und hochzusprudeln, ein Glas kaltes Wasser hinzugießen. Die Bohnen zu den Nudeln geben, das Wasser erneut aufkochen lassen, dann die Nudeln mit den Bohnen in ein großes Sieb abgießen. Unter fließendem kaltem Wasser abspülen, abtropfen lassen und mit dem Sesamöl beträufeln.

Die Zwiebel in möglichst dünne Scheiben schneiden und in eine Schale mit kaltem Wasser legen, um den scharfen Geschmack zu mildern. Die Gurke halbieren, das weiche Innere mitsamt den Kernen herauslösen. Das Gurkenfleisch zuerst in fünf Zentimeter breite Stücke und dann in streichholzdünne Stifte schneiden.

Sämtliche Zutaten für das würzige Miso-Dressing verrühren.

Die Zwiebelscheiben abgießen. Nudeln, Bohnen, Gurke, Zwiebel, Huhn und Ingwer in einer großen Schüssel mit dem Dressing beträufeln und alles sachte vermischen.

Diese Mischung gleichmäßig auf zwei Servierteller verteilen. Die Salatblätter darauf anrichten, mit der Frühlingszwiebel und dem Sesam bestreuen und mit Stäbchen servieren.

## Für 2 Personen

- 200 g getrocknete Soba (Buchweizennudeln; siehe Seite 14)
- 50 g zarte grüne Bohnen, geputzt
- 1 TL Sesamöl
- ½ weiße oder rote Zwiebel
- 1 Minigurke, geschält
- Etwa 150 g kaltes gegrilltes Hühnerfleisch, zerpflückt
- 2–3 EL eingelegter Sushi-Ingwer, fein gehackt
- 50 g gemischte Salatblätter
- 1 Frühlingszwiebel, schräg in dünne Scheiben geschnitten
- 1 TL schwarzer Sesam (siehe Seite 10)

## Für das würzige Miso-Dressing

- 4 EL gerösteter weißer Sesam (siehe Seite 10), im Mörser fein zermahlen
- 1 EL Zucker
- 1 EL helles Miso (Sojabohnenpaste; siehe Seite 14)
- 2 EL Sojasauce (siehe Seite 14)
- 1 EL Reisessig (siehe Seite 15)
- 1–2 TL Chilisauce (je nach Geschmack)

## Gemüsesalat mit Huhn und Sesam-Miso-Sauce

Zu Beginn des Frühlings, wenn es noch recht kühl ist, schmeckt mir dieser reichhaltige Salat besonders gut. Durch das schonende Dämpfen von Huhn und Gemüse bleiben viele wertvolle Inhaltsstoffe bewahrt.

Spitzkohl, Stängelkohl und Hühnerfilets in mundgerechte Stücke schneiden. Möhre, Lauch und Fleischstücke in einen Dämpfkorb aus Bambus geben, mit zwei Esslöffeln Sake beträufeln und über sprudelnd kochendem Wasser 8 Minuten dämpfen.

In einem zweiten Dämpfkorb Spitzkohl, Stängelkohl und Zuckerschoten verteilen und mit dem restlichen Sake beträufeln. Diesen Korb unter den ersten Dämpfkorb setzen und alles weitere 2–3 Minuten dämpfen.

Sämtliche Zutaten für die Sesam-Miso-Sauce verrühren und eventuell mit ein bis zwei Esslöffeln Wasser verdünnen.

Das Gemüse mit den Hühnerstücken auf zwei vorgewärmten Serviertellern anrichten, mit der Sauce beträufeln und warm mit Stäbchen servieren.

**Für 2 Personen**

- 200 g Spitzkohl
- 100 g Stängelkohl (oder Brokkoli)
- 2 kleine Hühnerbrustfilets
- 1 Möhre, in Scheiben geschnitten
- 1 Stange Lauch, schräg in Scheiben geschnitten
- 4 EL Sake (siehe Seite 14)
- 100 g Zuckerschoten

**Für die Sesam-Miso-Sauce**
- 3 EL gerösteter weißer Sesam (siehe Seite 10), im Mörser fein zermahlen
- 2 EL helles Miso (siehe Seite 14)
- 1 EL Zucker
- 3 EL Reisessig (siehe Seite 15)
- 1 TL Saft von geriebenem Ingwer

## Hühnersalat mit cremigem Tofudressing

Die Meinungen über Tofu sind gespalten. Doch eines ist sicher: In diesem Salat schmeckt er einfach köstlich.

Die Hühnerbrustfilets in einem Topf mit Wasser bedecken. Das Wasser aufkochen, die Filets 5 Minuten garen, herausnehmen, abkühlen lassen und mit einer Gabel zerteilen.

In einem zweiten Topf Wasser aufkochen. Den Tofu in einem Sieb 2–3 Minuten ins siedende Wasser halten. Herausnehmen und abtropfen lassen. In demselben Wasser nun den Spinat 1 Minute blanchieren. Abschrecken und abtropfen lassen.

Den Tofu in einer Schüssel mit einem Löffelrücken zu einer cremigen Paste zerdrücken. Den zermahlenen Sesam und das Sesamöl unterrühren, mit Salz und Pfeffer würzen. Spinat und Hühnerstücke untermischen, den Salat auf zwei Schalen verteilen und mit Stäbchen servieren.

**Für 2 Personen**

- 2 kleine Hühnerbrustfilets
- 100 g Seidentofu (siehe Seite 15), in große Stücke zerteilt
- 100 g Spinat, grob gehackt
- 1 EL gerösteter Sesam (siehe Seite 10), im Mörser fein zermahlen
- 2 TL Sesamöl
- Salz und frisch gemahlener weißer Pfeffer

# Rinder-Carpaccio mit Aubergine und Ingwerdressing

Hierbei handelt es sich um eine japanische Variante des klassischen italienischen Rinder-Carpaccios. Auch frisches Filet von Milchlämmern bereite ich gern auf diese Weise zu.

**Für 2 Personen**

- 1 Aubergine
- 100 g Rinderfilet
- 50 g Rucola
- 1 Frühlingszwiebel, fein gehackt
- ½ TL gerösteter Sesam (siehe Seite 10)

**Für das Ingwerdressing**

- 2 TL Saft von geriebenem Ingwer
- ½ kleine Knoblauchzehe, gerieben
- 2 EL Sojasauce (siehe Seite 14)
- 1 EL natives Olivenöl extra

Einen Grill auf höchster Stufe vorheizen. Die Aubergine mit einer Gabel rundum einstechen und 20 Minuten grillen, bis die Haut geschwärzt und das Fleisch gar ist. Das Filet in ganz dünne Scheiben schneiden. Ein etwa 60 Zentimeter langes Stück Frischhaltefolie in der Mitte falten. Eine Filetscheibe darauflegen und die Folie darüberschlagen. Das Fleisch mit dem Nudelholz von der Mitte nach außen hauchdünn klopfen. Mit den übrigen Scheiben ebenso verfahren.

Die Zutaten für das Ingwerdressing verrühren. Die Aubergine enthäuten, das Fleisch grob hacken und in zwei gleich großen Portionen auf die Mitte von zwei Tellern häufen. Das Carpaccio rundum anrichten, mit Rucola belegen, mit dem Dressing beträufeln und mit Frühlingszwiebeln und Sesam garnieren. Das Rinder-Carpaccio mit Stäbchen servieren.

# Rindfleisch mit Rucola und Wasabi-Dressing

Diese klassische Zubereitungsmethode von Fleisch oder Fisch heißt »tataki«, was schlagen oder klopfen bedeutet: Das Fleisch wird mit der Hand flach geklopft und dadurch zart. Verwenden Sie nur Rinderlende von bester Qualität.

**Für 2 Personen**

- 125 g Rinderlende, pariert
- ½ TL Sesamöl
- 2 EL Reisessig (siehe Seite 15)
- 100 g Rucola
- 1 Grapefruit, die Filets herausgelöst
- 1 EL gerösteter Sesam

**Für das Wasabi-Dressing**

- 1 TL Wasabi-Pulver (siehe Seite 15), mit 1 TL Wasser verrührt
- 1 EL flüssiger Honig
- 2 EL Reisessig (siehe Seite 15)
- 2 EL helle Sojasauce (siehe Seite 14)

Die Rinderlende vor der Zubereitung aus dem Kühlschrank nehmen und Raumtemperatur annehmen lassen, denn kaltes Fleisch ist zäher und hat eine längere Garzeit. Eine Pfanne mit schwerem Boden bei hoher Temperatur stark erhitzen. Das Fleisch mit Küchenpapier trocken tupfen, mit Sesamöl bestreichen und von beiden Seiten je 1–2 Minuten braten. Auf einem Brett mit dem Reisessig beträufeln und ruhen lassen.

Inzwischen den Rucola auf zwei Teller verteilen und die Grapefruitfilets darauf rundum anrichten. Die Zutaten für das Dressing verrühren. Das Fleisch mit einem scharfen Messer in dünne Scheiben schneiden und mit der Handfläche jeweils leicht flach klopfen. Die Scheiben auf dem Salat verteilen, mit dem Dressing beträufeln, mit Sesam bestreuen und mit Stäbchen servieren.

# Knusprige Ente mit Orangen-Kresse-Salat

## Für 2 Personen

- 1 Entenbrust
- ½ TL Salz
- 1 unbehandelte Orange oder Blutorange
- 100 g Brunnenkresse

## Für das Dressing

- 2 EL frisch gepresster Orangensaft
- 1 EL Sojasauce (siehe Seite 14)
- 2 TL Reisessig (siehe Seite 15)
- 2 TL Wasabi-Pulver (japanischer Meerrettich; siehe Seite 15)

Damit gebratene Ente schön knusprig wird, muss die Haut vor der Zubereitung trocken sein. Nehmen Sie die Entenbrust vor dem Braten also rechtzeitig aus der Verpackung. Dass Ente oft als fett gilt, braucht Sie hier nicht stören. Denn bei dieser Zubereitungsmethode tritt ein Großteil des Fetts aus. Außerdem verwenden wir eine Entenbrust für zwei Personen. Sie können also mit gutem Gewissen genießen.

Die Entenbrust mit einer Gabel mehrfach einstechen. Die Haut mit dem Salz einreiben und Wasser ziehen lassen. Die Schale der Orange abreiben und die Fruchtfilets herauslösen.

Eine Pfanne mit schwerem Boden bei mittlerer Temperatur heiß werden lassen. Die Entenbrust mit Küchenpapier trocken tupfen und mit der Hautseite nach unten für 5 Minuten in die Pfanne legen, sodass das Fett austritt. Die Entenbrust herausnehmen, das ausgetretene Fett weggießen. Die Pfanne wieder auf den Herd stellen und die Ente bei starker Hitze mit der Hautseite nach oben etwa 2 Minuten darin braten. Wenden und weitere 3–5 Minuten braten, bis die Haut goldbraun und knusprig ist. Die Entenbrust mit der Hautseite nach oben auf einem Teller mit Küchenpapier ruhen lassen.

Sämtliche Zutaten für das Dressing mit der Orangenschale verrühren. Die Entenbrust in dünne Scheiben schneiden und mit der Brunnenkresse und den Orangenfilets dekorativ auf zwei Serviertellern verteilen. Mit dem Dressing beträufeln und mit Stäbchen servieren.

Sie ist der Inbegriff einer einfachen japanischen Mahlzeit: eine Schale mit Suppe und einigen Scheiben eingelegtem Gemüse. In Japan sind Suppen die wichtigste Beilage zu Reis. Stets serviert man am Anfang und Ende eines mehrgängigen Essens sowohl klare Brühen als auch mit Miso verfeinerte Suppen. Miso-Suppen mit verschiedenen Produkten der Saison sind schnell und leicht zubereitet und sehr gesund. Trotz der wachsenden kulinarischen Einflüsse aus den westlichen Nationen beginnen Millionen Japaner ihren Tag immer noch mit einer Schale Miso-Suppe zum Frühstück und essen am Ende des Tages eine weitere Schale.

Miso wird aus fermentierten Sojabohnen und Getreidesorten wie Weizen und Gerste oder Reis hergestellt. Die Farbe der Paste reicht von einem hellen Beige bis zu gräulichem Dunkelbraun und gibt einen gewissen Aufschluss über den Geschmack – je heller das Miso, desto weniger salzig schmeckt es. Doch das ist eine sehr vereinfachte Beschreibung, die der Aromenvielfalt der verschiedenen Miso-Pasten nicht gerecht wird. Miso ist auch sehr gesund: Es soll positive Auswirkungen auf den Blutdruck und den Cholesterinspiegel und auch antioxidative Eigenschaften haben. Zudem werden durch die Fermentation die hochwertigen Proteine der Sojabohnen in leicht verdauliche Aminosäuren umgewandelt. Untersuchungen haben gezeigt, dass Japanerinnen weniger unter klimakterischen Symptomen leiden, was mit dem verstärkten Genuss von Sojaproteinen, in Form von Tofu und Miso, in Verbindung gebracht wird. Denn Sojabohnen enthalten Phenolverbindungen, sogenannte Isoflavone, die mit dem menschlichen Östrogen vergleichbar sind und ähnlich wirken.

Übrigens, auch Suppen werden in Japan mit Stäbchen gegessen. Zuerst verzehrt man mithilfe der Stäbchen Fleisch und Gemüse, dann nimmt man mit beiden Händen die Schale und trinkt die Brühe.

Suppen

# Dashi-Brühe

Für eine gute japanische Suppe benötigt man vor allem eines – Dashi, die berühmte japanische Brühe. Von Bedeutung ist die Qualität dieser leicht und schnell zubereiteten Brühe vor allem für Miso-Suppen, bei denen Miso meist das einzige Gewürz in der Dashi ist. Darum stelle ich Ihnen hier zunächst fünf Zubereitungsmethoden für Dashi vor.

## Fein-aromatische Dashi

- 2 Stücke Kombu (Zuckerriementang; siehe Seite 13), jeweils von der Größe einer Postkarte, abgewischt, mehrfach eingeschnitten
- 600 ml Wasser
- 25 g getrocknete Bonito-Flocken (siehe Seite 13)

Diese ausgewogene Dashi eignet sich am besten für fein-aromatische klare Suppen und Miso-Suppen mit Gemüse.

Den Kombu in einem Topf mit dem Wasser bedecken und 20 Minuten einweichen. Bei mittlerer Temperatur erhitzen, das Wasser darf jedoch nicht sieden. Den Kombu entfernen, sobald er an die Oberfläche steigt, und das Wasser sprudelnd aufkochen. Die Bonito-Flocken hinzugeben, aber nicht rühren, den Herd sofort ausschalten und die Flocken zum Topfboden sinken lassen. Die Brühe durch ein mit Musselin ausgekleidetes Sieb abgießen. Die Bonito-Flocken und den Kombu für die kräftige Dashi (siehe unten) aufbewahren.

## Kräftige Dashi

- Bonito-Flocken und Kombu, von der fein-aromatischen Dashi aufbewahrt (siehe oben)
- 5 g getrocknete Bonito-Flocken (siehe Seite 13)
- 600 ml Wasser

Im Gegensatz zur fein-aromatischen Dashi, die sich wegen ihres zarten Aromas besonders gut für klare Suppen eignet, ist die intensiver schmeckende kräftige Dashi die ideale Basis für Miso-Suppen mit Seafood oder Wurzelgemüse.

Die aufbewahrten Bonito-Flocken, den Kombu und die getrockneten Fischflocken in einem Topf mit dem Wasser bei mittlerer Temperatur erhitzen. Beginnt das Wasser zu kochen, den Kombu entfernen. Die Dashi um ein Zehntel einkochen lassen und dann durch ein mit Musselin ausgekleidetes Sieb abgießen.

## Vegetarische Dashi

- 2 Stücke Kombu, jeweils von der Größe einer Postkarte, abgewischt, mehrfach eingeschnitten
- 3 getrocknete Shiitakepilze
- 1 l Wasser, aufgekocht und abgekühlt

Diese vegetarische Dashi schmeckt sehr mild und eignet sich gut für feine Gemüsesuppen.

Kombu und Shiitakepilze in einer Schüssel in dem Wasser bei Raumtemperatur ziehen lassen: in den kühleren Monaten 3–4 Stunden, im Sommer 2–3 Stunden. Im Kühlschrank hält sich die abgegossene Dashi bis zu einer Woche.

## Sardellen-Dashi

- 30 g getrocknete Sardellen, Köpfe und Eingeweide entfernt, längs halbiert
- 2 Stücke Kombu, jeweils von der Größe einer Postkarte, abgewischt, mehrfach eingeschnitten
- 600 ml Wasser

Diese Art Fischbrühe aus kleinen sonnengetrockneten Sardellen schmeckt viel kräftiger als Dashi aus Bonito-Flocken. Sie ist eine aromatische Grundlage für dicke, reichhaltige Miso-Suppen.

Die halbierten Sardellen mit dem Kombu in einem Topf in dem Wasser 20 Minuten ziehen lassen. Bei mittlerer Temperatur erhitzen, aber nicht aufkochen; entstehenden Schaum entfernen. Sardellen und Kombu 5–6 Minuten garen, dann die Brühe durch ein mit Musselin ausgekleidetes Sieb abgießen.

## Wasser-Dashi

- 2 postkartengroße Stücke Kombu, abgewischt und eingeschnitten
- 30 g getrocknete Sardellen, Köpfe und Eingeweide entfernt
- 2 getrocknete Shiitakepilze
- 1 l Wasser, aufgekocht, abgekühlt

Dies ist die einfachste Methode, eine schmackhafte Dashi zuzubereiten.

Sämtliche Zutaten in ein großes Einmachglas füllen und über Nacht im Kühlschrank stehen lassen, dann durch ein mit Musselin ausgekleidetes Sieb abgießen. Wasser-Dashi hält sich im Kühlschrank bis zu einer Woche.

## Dashi no moto (Instant-Dashi)

Instant-Dashi ist ein Fertigprodukt, das, ebenso wie Brühwürfel im Westen, in vielen japanischen Haushalten zum Einsatz kommt. Das Granulat ist in Asienläden erhältlich und wird sparsam verwendet.

## Miso-Suppe

Tipps für die Zubereitung einer guten Miso-Suppe

Damit sich das volle Aroma von Miso richtig entfalten kann, darf die Sojabohnenpaste nicht lange kochen. Geben Sie sie erst zum Schluss an die Suppe, wenn alle anderen Zutaten bereits gar sind. Die Suppe noch einmal aufwallen lassen und sofort vom Herd nehmen. Pro Person rechnet man einen gestrichenen bis gehäuften Esslöffel Miso.

Für besonders aromatische Miso-Suppen empfehle ich die Verwendung von zwei bis drei verschiedenen Miso-Pasten. Für die kälteren Monate eignen sich hellere, weniger salzige Sorten, die sich zu einem harmonischen Geschmack vereinen. Zum Sommer passen vor allem die dunkleren, frischer schmeckenden Sorten. Experimentieren Sie ruhig mit verschiedenen Miso-Pasten, um Ihre Lieblingsmischungen zu finden. Größere Stücke der Paste lösen sich nicht von selbst in der Suppe auf. Darum die Paste immer erst in ein wenig Brühe verrühren oder mit einem Holzlöffel durch ein feines Sieb direkt in die Suppe passieren.

# Eisgekühlte Miso-Suppe mit Tomaten, Auberginen und Gurke

Wer meint, dass Miso-Suppe stets heiß sein muss, sollte einmal diese erfrischende eisgekühlte Variante an einem heißen Sommertag probieren. Man bereitet sie mit viel gesundem Gemüse wie etwa der kalorienarmen Aubergine zu. Sie wirkt sich positiv auf den Cholesterinspiegel aus und enthält zudem Polyphenol, das dazu beiträgt, den Blutdruck zu senken und das Krebsrisiko zu vermindern. Obwohl im Handel das ganze Jahr hindurch erhältlich, schmecken Auberginen im Sommer und frühen Herbst doch am besten.

**Für 2 Personen**

- 1 mittelgroße Aubergine
- 6 Kirschtomaten
- 1 EL Pflanzenöl zum Bestreichen
- 2 EL tiefgekühlte Edamame (grüne Sojabohnen)
- 300 ml Dashi (siehe Seite 106/107) – fein-aromatische, vegetarische oder Wasser-Dashi
- 1 Minigurke, in dünne Scheiben geschnitten
- 2 EL helles Miso (Sojabohnenpaste; siehe Seiten 14 und 107)
- 1 Schalotte, geschält und in dünne Scheiben geschnitten
- 1 kleine Handvoll glatte Petersilie

Eine Grillpfanne mit schwerem Boden stark erhitzen. Den Stielansatz der Aubergine wegschneiden, die Frucht längs halbieren und die Hälften schräg in dicke Scheiben schneiden. Die Kirschtomaten und die Auberginenstücke mit dem Öl bestreichen und in der Grillpfanne bräunen. Gleichzeitig die Edamame in einem kleinen Topf mit kochendem Wasser 2 Minuten garen, abgießen und beiseitestellen.

Die gegrillten Auberginenstücke mit der Dashi in einen Topf geben. Bei mittlerer Hitze 5 Minuten garen, aber nicht kochen. Tomaten, Edamame und Gurkenscheiben hinzufügen und alles weitere 2 Minuten garen.

Die Miso-Paste in einer kleinen Schale in etwas heißer Brühe verrühren, damit sie weich wird und sich auflöst, und in den Topf gießen. Die Suppe bei starker Hitze einmal kurz aufkochen lassen und sofort vom Herd nehmen. Auf Raumtemperatur abkühlen lassen und für 1 Stunde in den Kühlschrank stellen.

Während die Suppe durchkühlt, die Schalottenscheiben in eine Schale mit kaltem Wasser legen, um den Geschmack zu mildern; abgießen. Die Suppe und die Schalottenscheiben auf zwei gekühlte Schalen verteilen, mit der Petersilie garnieren und mit Stäbchen servieren.

# Kalte Miso-Pacho

Für 2 Personen

- 1 Minigurke, geschält, Kerne entfernt, grob gehackt
- 2 große sehr reife Tomaten, Stielansätze entfernt, grob gehackt
- ½ kleine rote Zwiebel, grob gehackt
- ¼–½ große rote Chilischote, Stielansatz, Samen und Scheidewände entfernt
- 2 TL geriebener frischer Ingwer
- 1 Knoblauchzehe
- 100 ml Tomatensaft
- Frisch gepresster Saft von 1 Limette
- 2 EL Reisessig (siehe Seite 15)
- 2 EL Sojasauce (siehe Seite 14)
- 1 EL + 2 TL natives Olivenöl extra
- 1 EL rotes Miso (Sojabohnenpaste; siehe Seiten 14 und 107)
- Salz und frisch gemahlener schwarzer Pfeffer
- 6 Kirschtomaten, halbiert
- 1 Stange Sellerie, grobe Fasern abgezogen, gewürfelt
- Einige Zweige Koriandergrün

Den berühmten spanischen Gazpacho lernte ich vor über dreißig Jahren kennen. Ich war sofort begeistert, und seither bereite ich die eisgekühlte Suppe regelmäßig zu. Hier stelle ich Ihnen meine neueste Variante mit einigen japanischen Zutaten vor. Miso verleiht der Suppe einen besonders intensiven Geschmack, ohne sie jedoch zu dominieren.

Gurke, Tomaten, Zwiebel, Chili, Ingwer und Knoblauch in der Küchenmaschine oder im Mixer pürieren. Tomaten- und Limettensaft, Reisessig, Sojasauce, einen Esslöffel Olivenöl und Miso hinzufügen und alles fein pürieren. Mit Salz und frisch gemahlenem Pfeffer abschmecken.

Die Suppe in eine große Schüssel füllen. Mit Frischhaltefolie bedecken und für mindestens 4 Stunden, besser aber über Nacht in den Kühlschrank stellen, sodass sich die Aromen entfalten und verbinden können.

Die Suppe auf zwei gekühlte Schalen verteilen, die halbierten Kirschtomaten und die Selleriewürfel daraufgeben. Mit zwei Teelöffeln Olivenöl beträufeln und mit Koriandergrün garnieren.

# Miso-Suppe mit gegrillter Aubergine, Paprika und Ingwersenf

Ingwer wird seit langer Zeit in der Traditionellen Chinesischen Medizin eingesetzt, aber er ist auch eine beliebte Zutat aller asiatischen Küchen. Er hat eine antiseptische Wirkung, fördert den Stoffwechsel und die Verdauung, und wie neuere Untersuchungen gezeigt haben, trägt er zu einem niedrigen Cholesterinspiegel bei und wirkt blutdrucksenkend.

## Für 2 Personen

- 1 mittelgroße Aubergine
- ½ rote Paprikaschote, Samen und Scheidewände entfernt
- ½ gelbe Paprikaschote, Samen und Scheidewände entfernt
- ½ grüne Paprikaschote, Samen und Scheidewände entfernt
- ½ EL Pflanzenöl
- 15 g frischer Ingwer, geschält und gerieben
- ½ EL mittelscharfer Senf
- 300 ml Dashi (siehe Seite 106/107) – fein-aromatische, vegetarische oder Wasser-Dashi
- 1 EL mittelhelles Miso (Sojabohnenpaste; siehe Seiten 14 und 107)
- 1 EL rotes oder dunkles Miso

Einen Grill vorheizen. Mit einer Gabel rundum leicht in die Aubergine einstechen. Ein Backblech mit Alufolie auslegen, die Aubergine daraufgeben, unter den Grill schieben und 20 Minuten bräunen. Nach der Hälfte der Zeit wenden und von der anderen Seite bräunen.

Die Paprikahälften in mundgerechte Stücke hacken und mit dem Öl bestreichen. Zu der Aubergine geben und alles weitere 10–15 Minuten grillen, bis die Aubergine rundum gebräunt ist und die Paprikastücke gar sind.

In der Zwischenzeit Ingwer und Senf verrühren und zum Durchziehen beiseitestellen. Die Aubergine aufrecht auf einen Teller setzen, mit einem Bambusspieß unter die Haut fahren und diese abziehen. Das Fleisch in mundgerechte Stücke schneiden. Auberginen- und Paprikastücke auf zwei Schalen verteilen.

Die Dashi in einem Topf bei mittlerer Temperatur erhitzen. Die beiden Miso-Pasten in einer kleinen Schale mit etwas heißer Dashi verrühren, damit sie weich werden und sich auflösen, und in den Topf gießen. Die Brühe bei starker Hitze ganz kurz aufkochen lassen und sofort in die zwei Schalen mit dem Gemüse schöpfen. Auf jede Portion einen Klecks Ingwersenf geben und die Suppe mit Stäbchen servieren.

# Miso-Suppe mit japanischen Pilzen

Für 2 Personen

- 200 g japanische Pilze, etwa Shiitakepilze, Enoki-Pilze und Maitake (mindestens zwei verschiedene Sorten, siehe Tipp)
- 300 ml Dashi (siehe Seite 106/107) – fein aromatische, vegetarische oder Wasser-Dashi
- 1 EL helles Miso (Sojabohnenpaste; siehe Seiten 14 und 107)
- 1 EL mittelhelles Miso (Sojabohnenpaste; siehe Seite 14)
- 2 EL getrocknete Wakame (Braunalge; siehe Seite 15), in etwas Wasser eingeweicht und abgegossen
- 2 Frühlingszwiebeln, schräg in dünne Scheiben geschnitten

Das milde, warm-feuchte Klima Japans beschert dem Land einen großen Pilzreichtum, und Pilze sind bei den Japanern höchst beliebt. Sie enthalten das für die Bildung der Knochen notwendige Vitamin D sowie Vitamin $B_2$, das auch als »Schönheitsvitamin« gilt, denn es fördert den Fett- und Kohlenhydrat-Stoffwechsel und wirkt sich positiv auf den Cholesterinspiegel aus. Darüber hinaus sind Pilze reich an löslichen Ballaststoffen und vor allem haben sie kaum Kalorien.

Die Pilze mit der Dashi in einen Topf geben und bei mittlerer Temperatur erhitzen.

Die Miso-Pasten in einer kleinen Schale mit etwas heißer Dashi verrühren, damit sie weich werden und sich auflösen, und in den Topf gießen. Die Wakame hinzufügen und die Suppe bei starker Hitze ganz kurz aufkochen. Die Suppe sofort auf zwei Schalen verteilen, mit den in Scheiben geschnittenen Frühlingszwiebeln garnieren und mit Stäbchen servieren.

Tipp

Die verschiedenen Pilzsorten werden auf unterschiedliche Weise vorbereitet. Bei Shiitakepilzen entfernt man die Stiele und schneidet die Hüte in Scheiben. Bei Enoki-Pilzen werden die zusammengewachsenen Enden der Stiele weggeschnitten und die Pilze mit den Fingern getrennt. Maitake wiederum befreit man vom Stielende und bricht die zarten Pilze vorsichtig mit den Fingern in mundgerechte Stücke.

# Cremige Miso-Suppe mit gebackenem Kürbis

Für 2 Personen

- 400 g Butternuss- oder Moschuskürbis (grünschalig)
- 1 EL Pflanzenöl zum Bestreichen
- ½ TL Salz
- 1 TL geriebener frischer Ingwer
- 300 ml Dashi (siehe Seite 106/107) – fein-aromatische, vegetarische oder Wasser-Dashi
- 2 EL weißes oder helles Miso (Sojabohnenpaste; siehe Seiten 14 und 107)
- 1 TL gerösteter Sesam (siehe Seite 10)

Kürbisse sind ein besonders gesundes Gemüse. Sie sind reich an Betacarotin, das vom Organismus in Vitamin A umgewandelt wird, und schützen den Körper vor Infektionen. Kürbisse enthalten zudem eine beachtliche Menge Vitamin C und gehören zu den Gemüsesorten mit dem höchsten Gehalt an Vitamin E, einem sehr wirksamen Antioxidationsmittel. Die natürliche Süße von Kürbis entfaltet sich beim Backen besonders gut. Diese Suppe dürfen Sie ausnahmsweise mit einem Löffel essen! Aber denken Sie daran, sich genügend Zeit zu nehmen und diese köstliche und gesunde Mahlzeit in Ruhe zu genießen.

Den Backofen auf 200 °C vorheizen. Den Kürbis vierteln, die Kerne mit den Fasern im Innern entfernen. Die Kürbisviertel mit dem Öl bestreichen, mit dem Salz bestreuen und mit der Schale nach unten auf ein Backblech legen. Im heißen Ofen 45 Minuten backen, bis die Stücke sehr weich sind.

Das Kürbisfleisch mit einem Löffel auslösen, in einen Topf geben und mit einer Gabel sehr fein zerdrücken. Ingwer und Dashi gründlich unterrühren. Die Mischung bei hoher Temperatur erhitzen, bis sie zu kochen beginnt.

Die Miso-Paste in einer kleinen Schale mit etwas heißer Suppe verrühren, damit sie weich wird und sich auflöst. In den Topf gießen, die Suppe bei starker Hitze noch einmal ganz kurz aufkochen und sofort vom Herd nehmen. In zwei Schalen schöpfen, mit dem Sesam bestreuen und servieren.

## Spinat-Miso-Suppe mit Klettenwurzel und Pilzen

**Für 2 Personen**

- 100 g Klettenwurzel (siehe Seite 10), gründlich gewaschen
- 50 g Maitake (japanische Pilze; ersatzweise Egerlinge)
- 100 g Spinat, gewaschen und abgetropft
- 300 ml Dashi (siehe Seite 106/107) – fein-aromatische, kräftige, vegetarische oder Wasser-Dashi
- 1 EL helles Miso (Sojabohnenpaste; siehe Seiten 14 und 107)
- 1 EL mittelrotes Miso
- 1 TL gerösteter Sesam (siehe Seite 10)

Die Japaner sind die einzige Nation, die Klettenwurzeln isst. Hauptbestandteil des langen Wurzelgemüses sind unverdauliche Kohlenhydrate, die ein lange anhaltendes Sättigungsgefühl hervorrufen und für die knackige Textur und den typischen Geschmack verantwortlich sind. Neuere Untersuchungen haben ergeben, dass das Lignin, das direkt unter der Schale sitzt, das Krebsrisiko senken, Cholesterin binden und vor Arteriosklerose und Diabetes schützen kann. Darum sollten Sie Klettenwurzel nicht schälen, sondern lieber nur die äußerste Schicht der Schale abschaben. In japanischen Lebensmittelläden bekommt man auch tiefgekühlte Klettenwurzel in Scheiben.

Die Klettenwurzel 10–15 Minuten in kaltem Wasser einweichen und gut abtropfen lassen. Die Stielenden der Maitake wegschneiden und wegwerfen, die Pilze mit den Fingern in mundgerechte Stücke brechen. Den Spinat in fünf Zentimeter lange Streifen schneiden. Die Klettenwurzel mit der Dashi in einem Topf bei mittlerer Hitze aufkochen und 5 Minuten köcheln lassen. Maitake und Spinat hinzugeben und 3 Minuten garen.

Die Miso-Pasten in einer kleinen Schale mit etwas heißer Brühe verrühren, damit sie weich werden und sich auflösen, und in den Topf gießen. Die Suppe bei starker Hitze ganz kurz aufkochen und dann sofort in vorgewärmte Schalen schöpfen. Mit dem Sesam bestreuen und mit Stäbchen servieren.

# Japanische Mais-suppe mit Tofu

**Für 2 Personen**

- 200 g Seidentofu (siehe Seite 15)
- 1 frischer Maiskolben
- 1 TL geriebener frischer Ingwer
- 300 ml Dashi (siehe Seite 106/107) – fein-aromatische, kräftige, vegetarische oder Wasser-Dashi
- 2 EL Mirin (süßer Reiswein; siehe Seite 13)
- 2 EL weißes Miso (Sojabohnenpaste; siehe Seiten 14 und 107)
- 1 Prise Salz
- ½ EL Sesamöl
- Einige Zweige Koriandergrün, grob gehackt

Süßliche weiße Miso-Paste verleiht dem frisch pürierten Mais einen wunderbar exotischen Geschmack – eine harmonische Verbindung von Ost und West. Ich empfehle, die Suppe an einem warmen Spätsommertag gekühlt zu servieren oder dampfend heiß an einem kalten, trüben Herbsttag – das belebt Körper und Geist. Auch diese Suppe dürfen Sie mit einem Löffel essen. Aber lassen Sie sich beim Genießen Zeit!

Den Tofu in einige Lagen Küchenpapier wickeln, auf ein leicht geneigtes Brett legen und 20–30 Minuten abtropfen lassen. Muss es schnell gehen, den Tofu mit einem Teller mit kleinem Gewicht beschweren oder, wenn wirklich gar keine Zeit ist, den Tofu für 1–2 Minuten bei 600–800 Watt in die Mikrowelle stellen.

Den Maiskolben in leicht gesalzenem kochendem Wasser 10–12 Minuten garen. Herausnehmen, leicht abkühlen lassen und die Maiskörner vom Kolben schneiden. In der Küchenmaschine oder im Mixer grob pürieren. Tofu und Ingwer hinzugeben und alles fein pürieren.

Das Maispüree mit der Dashi und dem Mirin in einen Topf füllen und bei starker Hitze aufkochen. Die Hitze reduzieren und die Suppe 5 Minuten köcheln lassen.

Die Miso-Paste in einer kleinen Schale mit etwas heißer Suppe verrühren, damit sie weich wird und sich auflöst. In den Topf gießen und die Suppe bei starker Hitze erneut ganz kurz aufkochen. Die Suppe sofort vom Herd nehmen und mit Salz abschmecken. In zwei Schalen schöpfen und mit dem Sesamöl beträufeln. Mit gehacktem Koriandergrün garnieren und mit einem Löffel servieren.

# Tofu-Miso-Suppe mit Gemüse und Wakame

Hierbei handelt es sich um eine Variante der klassischen Miso-Suppe mit Tofu und Wakame. Miso-Suppe wird gewöhnlich mit nur zwei oder drei Zutaten bereitet, doch ich gebe hier noch weitere Gemüsesorten dazu, damit die Suppe etwas gehaltvoller wird.

Den Tofu in einige Lagen Küchenpapier wickeln, auf ein leicht geneigtes Brett legen und 20–30 Minuten abtropfen lassen. Muss es schnell gehen, den Tofu mit einem Teller mit kleinem Gewicht beschweren oder, wenn gar keine Zeit ist, den Tofu für 1 Minute bei 600–800 Watt in die Mirkowelle stellen.

In der Zwischenzeit die Wakame in einer Schale 10 Minuten in kaltem Wasser einweichen und abgießen. Dashi, Möhre und Lauch in einem Topf bei mittlerer Temperatur erhitzen, jedoch nicht sprudelnd aufkochen, sondern 5 Minuten lediglich leicht köcheln lassen.

Den Tofu in kleine Würfel schneiden, mit der Wakame und dem Stängelkohl in den Topf geben und 3 Minuten garen. Die Miso-Pasten in einer kleinen Schale mit etwas heißer Brühe verrühren, damit sie weich werden und sich auflösen, und in den Topf gießen. Die Suppe bei starker Hitze ganz kurz aufkochen und dann sofort vom Herd nehmen. Die Tofu-Miso-Suppe in zwei Schalen schöpfen, mit Sesam garnieren und mit Stäbchen servieren.

## Für 2 Personen

- 100 g fester Tofu
- 2 EL getrocknete Wakame (Braunalge; siehe Seite 15)
- 300 ml Dashi (siehe Seite 106/107) – kräftige, vegetarische oder Wasser-Dashi
- 1 kleine Möhre, geschält und schräg in Scheiben geschnitten
- 1 Stange Lauch, schräg in Scheiben geschnitten
- 100 g Stängelkohl (ersatzweise Brokkoli), in Röschen zerteilt
- 1 gehäufter EL helles Miso (Sojabohnenpaste; siehe Seiten 14 und 107)
- 1 gehäufter EL mittelhelles Miso
- 1 TL gerösteter Sesam (siehe Seite 10)

# Miso-Suppe mit karamellisierten Zwiebeln und Tofu

Diese Suppe ist sozusagen die japanische Antwort auf die berühmte französische Zwiebelsuppe. Das Geheimnis der aromatischen Süße heißt Geduld, um die Zwiebeln in aller Ruhe zu sautieren.

Den Tofu gut abtropfen lassen, indem man ihn in einige Lagen Küchenpapier wickelt und 20 Minuten auf ein leicht geneigtes Brett legt. Den Tofu würfeln und beiseitestellen.

Das Öl in einen Topf geben, die Zwiebeln darin 15 Minuten unter ständigem Rühren bei schwacher Hitze sautieren, sie dürfen nicht bräunen. Essig, Zucker und Sojasauce hinzufügen und so lange sautieren, bis die Flüssigkeit fast vollständig eingekocht ist. Die Dashi dazugießen und bei starker Hitze zum Kochen bringen.

Die Miso-Pasten in einer kleinen Schale mit etwas heißer Brühe verrühren, damit sie weich werden und sich auflösen, und in den Topf gießen. Die Suppe bei starker Hitze ganz kurz aufkochen und dann sofort vom Herd nehmen. Die Suppe in Schalen schöpfen und den Tofu hineingeben. Sofort mit Stäbchen servieren.

### Für 2 Personen

- 100 g fester Tofu (siehe Tipp)
- 1 EL Pflanzenöl
- 4 rote Zwiebeln, in dünne Scheiben geschnitten
- 4 EL dunkler Reisessig oder Rotweinessig
- 1 TL Zucker
- 1 EL Sojasauce (siehe Seite 14)
- 300 ml Dashi (siehe Seite 106/107) – kräftige, vegetarische oder Wasser-Dashi
- 1 EL helles Miso (Sojabohnenpaste; siehe Seiten 14 und 107)
- 1 EL rotes oder mittelhelles Miso

### Tipp

Am liebsten verwende ich für dieses Rezept festen Tofu mit knusprig gebackener Oberfläche, der aber nicht immer erhältlich ist. Wer ihn nicht bekommt, verwendet am besten gut abgetropften festen Tofu und grillt ihn leicht oder bräunt seine Oberfläche mit einem Gasbrenner.

## Miso-Hühnersuppe mit Lauch und Rübe

**Für 2 Personen**

- 2 Hühnerschenkelfilets mit Haut
- 300 ml Dashi (siehe Seite 106/107) – kräftige oder Wasser-Dashi
- 1 Stange Lauch, geputzt und in Scheiben geschnitten
- 1 Weiße Rübe, geschält und in mundgerechte Spalten geschnitten
- 1 Möhre, geschält und in dicke Scheiben geschnitten
- 2 EL weißes oder helles Miso (Sojabohnenpaste; siehe Seiten 14 und 107)

Diese köstliche Suppe mit feinem Wintergemüse ist genau das Richtige in den kalten Monaten. Die knusprige Haut der Hühnerschenkel sorgt für schmackhaften Biss und liefert dabei nicht zu viele Kalorien.

Die Haut von den Hühnerfilets abziehen und beiseitelegen, das Fleisch in mundgerechte Stücke schneiden. Die Haut in kochendem Wasser blanchieren, mit Küchenpapier trocken tupfen und in dünne Streifen schneiden. Die Fleischstücke mit der Dashi in einem Topf bei mittlerer Hitze aufkochen und bei reduzierter Hitze 5 Minuten köcheln lassen.

In der Zwischenzeit die Haut in einer kleinen Pfanne ohne Fett knusprig braten und auf Küchenpapier abtropfen lassen. Das vorbereitete Gemüse in die Brühe geben und die Brühe weitere 5 Minuten köcheln lassen, bis das Gemüse gar ist.

Die Miso-Paste in einer kleinen Schale mit etwas heißer Brühe verrühren, damit sie weich wird und sich auflöst, und in den Topf gießen. Die Suppe bei starker Hitze ganz kurz aufkochen und dann sofort in zwei vorgewärmte Schalen schöpfen. Die knusprig gebratene Geflügelhaut daraufgeben und die Suppe mit Stäbchen servieren.

# Miso-Suppe mit Konnyaku

Für 2 Personen

- 1 Block Konnyaku (siehe Rezepteinleitung und Seite 13)
- 1 EL Sesamöl
- 50 g Schweinebauch, in dünne
Scheiben geschnitten
- 15 g frischer Ingwer, geschält und
grob gehackt
- 1 Möhre, geschält und grob gehackt
- 1 Pastinake, geschält und grob
gehackt
- 300 ml Dashi (siehe Seite 106/107) –
kräftige, vegetarische oder Wasser-
Dashi
- 6 Zuckerschoten, schräg mit dem
Messer halbiert
- 1 EL helle Sojasauce (siehe Seite 14)
- 1 EL rotes oder mittelhelles Miso
(Sojabohnenpaste;
siehe Seiten 14 und 107)
- 1 EL helles Miso
- 1 EL Sushi-Ingwer, grob gehackt
- 1 TL gerösteter Sesam
(siehe Seite 10)

»Konnyaku« bedeutet »Teufelszunge« oder »Elefantenfuß«, doch trotz des eher abschreckenden Namens handelt es sich um eine wunderbare kalorienarme Spezialität der japanischen Küche. Die gelatineartigen Blöcke haben eine gesprenkelte graue Färbung und werden aus der Knolle der Teufelszunge, der Konjakwurzel, hergestellt. Sie enthalten keinerlei Fett, schmecken sehr mild und wirken entschlackend. In japanischen Läden bekommt man die Konnyaku-Blöcke in etwas Limettenwasser vakuumverpackt.

Den Konnyaku-Block mit den Fingern in kleine mundgerechte Stücke brechen. Das Sesamöl in einem Topf bei mittlerer Temperatur erhitzen und das Fleisch 3 Minuten darin sautieren. Ingwer, Möhre, Pastinake und Konnyaku dazugeben und alles weitere 3 Minuten sautieren.

Die Dashi und die Zuckerschoten hinzufügen, aufkochen und den an der Oberfläche entstehenden Schaum entfernen. Die Hitze reduzieren, sodass die Suppe gerade noch köchelt, die Sojasauce unterrühren. Die Miso-Pasten in einer kleinen Schale mit etwas heißer Brühe verrühren, damit sie weich werden und sich auflösen, und in den Topf gießen. Die Suppe bei starker Hitze noch einmal ganz kurz aufkochen und dann sofort in zwei Schalen schöpfen. Mit dem Sushi-Ingwer garnieren, mit Sesam bestreuen und mit Stäbchen servieren.

# Miso-Suppe mit Lachs und feinem Sommergemüse

Spargel, neue Kartoffeln und Erbsen sind erste Boten des Sommers. Während der allzu kurzen Saison genieße ich das feine Gemüse so oft wie möglich. In dieser Miso-Suppe wird es auf ungewöhnliche, aber sehr schmackhafte Weise kombiniert.

Einen Grill auf hoher Stufe vorheizen. Den Lachs mit dem Öl bestreichen und mit Salz und Pfeffer würzen. Auf einem Rost mit der Hautseite nach unten 5 Minuten grillen, bis die Oberfläche des Filets leicht gebräunt ist. Den Lachs etwas abkühlen lassen, die Haut abziehen und das Fleisch mit den Fingern in mundgerechte Stücke zerteilen.

Die Kartoffelscheiben mit der Dashi in einen Topf füllen und bei mittlerer Hitze 10 Minuten garen. Eventuell die Hitze leicht reduzieren, damit die Dashi nicht zu kochen beginnt. Erbsen, Spargel und Lachs hinzufügen und alles weitere 3 Minuten garen.

Die Miso-Pasten in einer kleinen Schale mit etwas heißer Brühe verrühren, damit sie weich werden und sich auflösen, und in den Topf gießen. Die Suppe bei starker Hitze ganz kurz aufkochen und dann sofort in zwei Schalen schöpfen. Mit den Erbsensprossen (falls verwendet) garnieren und mit Stäbchen servieren.

## Für 2 Personen

- 100 g Lachsfilet
- Etwas Pflanzenöl zum Bestreichen
- 1 Prise Salz und frisch gemahlener schwarzer Pfeffer
- 100 g neue Kartoffeln, gründlich gewaschen und in dicke Scheiben geschnitten
- 300 ml Dashi (siehe Seite 106/107) – kräftige oder Wasser-Dashi
- 60 g frische Erbsen
- 6 Stangen grüner Spargel, schräg in Stücke geschnitten
- 1 EL helles Miso (Sojabohnenpaste; siehe Seiten 14 und 107)
- 1 EL mittelhelles Miso
- 1 kleine Handvoll frische Erbsensprossen (nach Belieben)

# Muschel-Miso-Suppe mit knusprigem Tofu

Dies ist eine klassische Muschelsuppe mit japanischer Note.

Den frittierten Tofu für 30 Sekunden bei 600–800 Watt in die Mikrowelle geben, um überschüssiges Fett zu entfernen, dann in etwa briefmarkengroße Stücke schneiden. Die Tofustücke in einer kleinen Pfanne mit Antihaftbeschichtung bei mittlerer Hitze 3–5 Minuten rösten, bis sie schön knusprig sind. Die Pfanne dabei regelmäßig schwenken. Den Tofu auf Küchenpapier zum Abtropfen beiseitestellen.

Das Öl in einer großen Pfanne bei mittlerer Temperatur erhitzen und die Zwiebel 3 Minuten darin anschwitzen. Sellerie und Kartoffeln dazugeben und 3 Minuten sautieren. Nun die Muscheln hinzufügen und 2–3 Minuten sautieren, dann die Hälfte der Dashi dazugießen.

Die Suppenmischung in der Küchenmaschine oder im Mixer (eventuell portionsweise) pürieren. Erneut in den Topf füllen und die restliche Dashi und die Sojamilch dazugießen. Bei mittlerer Temperatur bis fast zum Siedepunkt erhitzen, jedoch nicht aufkochen, sondern 5 Minuten ziehen lassen.

Das Agar-Agar zum Eindicken unterrühren. Die Miso-Paste in einer kleinen Schale mit etwas heißer Suppe verrühren, damit sie weich wird und sich in der Suppe auflöst, und in den Topf gießen. Die Suppe bei starker Hitze ganz kurz aufkochen und dann sofort in zwei Schalen schöpfen. Mit den knusprigen Tofustücken garnieren, mit der Frühlingszwiebel und dem Sesam bestreuen und mit Stäbchen servieren.

## Für 2 Personen

- 1 Block frittierter Tofu (Tiefkühlware aufgetaut; siehe Seite 15)
- 1 EL Pflanzenöl
- 1 kleine rote Zwiebel, fein gehackt
- 1 Stange Sellerie, fein gehackt
- 100 g neue Kartoffeln, gründlich gewaschen und gewürfelt
- 200 g Venusmuscheln aus dem Glas oder der Dose, abgetropft
- 300 ml Dashi (siehe Seite 106/107) – kräftige, Wasser- oder Sardellen-Dashi
- 100 ml Sojamilch
- ½ TL Agar-Agar (siehe Seite 10), in 2 TL Wasser aufgelöst
- 2 EL helles Miso (Sojabohnenpaste; siehe Seiten 14 und 107)
- 1 Frühlingszwiebel, schräg in dünne Scheiben geschnitten
- 1 TL gerösteter Sesam

# Garnelen-Miso-Suppe mit Okraschoten

## Für 2 Personen

- 6 mittelgroße frische Garnelen mit Schale
- 300 ml Dashi (siehe Seite 106/107) – kräftige oder Wasser-Dashi
- 2 große ausgereifte Strauchtomaten
- 6 Okraschoten, blanchiert, Stielansätze weggeschnitten, in 5 mm dünne Scheiben geschnitten
- 1 EL dunkles Miso (Sojabohnen-paste; siehe Seiten 14 und 107)
- 1 EL rotes Miso

Diese Suppe schmeckt nicht nur köstlich, sie sieht auch wunderbar aus und ist gut für die Haut. Denn Garnelen enthalten Taurin, das für eine schöne Haut sorgt.

Die Garnelen von den Köpfen befreien und schälen. Am Rücken jeweils mit einem scharfen Messer leicht einschneiden und den schwarzen Darm entfernen. Garnelenköpfe und -schalen mit der Dashi in einem Topf bei mittlerer Temperatur erhitzen. Eventuell die Hitze leicht reduzieren, damit die Dashi nicht aufkocht.

In der Zwischenzeit die Tomaten vom Stielansatz befreien, für einige Minuten in kochendes Wasser geben, herausnehmen und enthäuten. Die Tomaten halbieren, die Samen entfernen und das Fruchtfleisch in mundgerechte Stücke hacken.

Die Garnelenköpfe und -schalen mit einem Schaumlöffel aus der Dashi nehmen. Die Garnelen hineingeben und 3 Minuten garen, bis sie sich rosa verfärben. Nun die Okraschoten hinzufügen.

Die Miso-Pasten in einer kleinen Schale mit etwas heißer Brühe verrühren, damit sie weich werden und sich auflösen, und in den Topf gießen. Die Suppe bei starker Hitze ganz kurz aufkochen und dann vom Herd nehmen. Sofort die Tomaten hineingeben, die Suppe in zwei Schalen schöpfen und mit Stäbchen servieren.

Seien wir einmal ganz ehrlich ... Wie oft haben wir es schon bedauert, spät am Abend noch üppig gegessen zu haben! Dabei wissen wir genau, dass uns all die aufgenommene, unverbrauchte Energie sehr wahrscheinlich eine unruhige Nacht bescheren wird. Ein schweres Abendessen ist vor allem dann, wenn man abnehmen möchte, keine besonders gute Idee. Aber auch ich habe schon viele Male gerade am Abend reichlich gegessen, denn oft ist der Abend die einzige Zeit des Tages, um endlich in Ruhe zu kochen und gemeinsam mit der Familie und Freunden zu entspannen.

In diesem Kapitel habe ich genau aus diesem Grund eine ganze Reihe schmackhafter, kalorien- und fettarmer Gerichte zusammengestellt, die leicht verdaulich sind, aber sättigen und den Tag angenehm ausklingen lassen. Nach diesen Mahlzeiten werden Sie garantiert ruhig schlafen.

# Leichte Mahlzeiten für den Abend

# Reis für Sushi richtig zubereiten

Für 2 Personen

- 200 g japanischer Rundkornreis
- 220 ml Wasser
- 1 Stück Kombu (Zuckerriementang; siehe Seite 13), etwa von der Größe einer Postkarte

Für den Sushi-Essig
- 2 EL Reisessig (siehe Seite 15)
- 1 EL Zucker
- 1 TL Salz

Den Reis in einer Schüssel mit kaltem Wasser bedecken und zügig mit den Händen durchmischen, bis das Wasser milchig weiß wird. Das Wasser weggießen und den Vorgang wiederholen, bis das Wasser klar bleibt.

Den Reis in ein Sieb abgießen und mindestens 30 Minuten, lieber aber 1 Stunde ruhen lassen. Dies ist vor allem bei der Zubereitung von Sushi-Reis wichtig, denn der Reis soll die Feuchtigkeit absorbieren und aufquellen.

Den Reis nun in einen Topf mit dicht schließendem Deckel und schwerem Boden füllen. Das Wasser und den Kombu hinzufügen und zugedeckt bei mittlerer bis schwacher Hitze aufkochen.

Den Topf nicht öffnen, sondern auf den Dampf achten. Sobald Dampf aufsteigt, den Herd auf starke Hitze schalten und den Reis 3 Minuten kochen. Den Herd ausschalten, den Topf weiterhin geschlossen halten und den Reis 10–15 Minuten quellen lassen.

Die Zutaten für den Sushi-Essig in einer Glas- oder Kunststoffschüssel verquirlen, bis sich der Zucker und das Salz aufgelöst haben. Den Reistopf öffnen, den Kombu wegwerfen und den Reis in eine angefeuchtete flache Schüssel füllen.

Den Reis mit dem Sushi-Essig beträufeln und mithilfe eines Holzspatels mit einer seitlichen Bewegung (wie beim Schneiden) durchmischen, bis er gleichmäßig mit dem Essig überzogen ist und schön glänzt.

Während des Mischens den Reis mit einem Fächer abkühlen (das geht leichter, wenn eine weitere Person hilft; in einem Sushi-Restaurant in Japan übernimmt diese Arbeit traditionell ein Lehrling). Wird der Reis nicht gleich verwendet, ein angefeuchtetes sauberes Küchentuch darüberdecken und den Reis noch am selben Tag verzehren. Sushi-Reis kann bis zu 3 Stunden im Voraus zubereitet werden, darf jedoch nicht im Kühlschrank stehen.

## Auberginen-Brokkoli-Sushi

Für 2 Personen

- 1 mittelgroße Aubergine
- Salz
- 6 Stiele Stängelkohl (ersatzweise Brokkoli)
- 200 g gegarter Sushi-Reis (siehe links)
- 2 EL fein gehackter Sushi-Ingwer
- 1 EL gerösteter Sesam

Auberginen haben kaum Kalorien und ihr weiches Fleisch kann hervorragend andere Aromen aufnehmen. Zwar enthalten die Früchte nicht übermäßig viele Nährstoffe, doch das Polyphenol, dem die Aubergine ihre leuchtende Farbe verdankt, ist ein Antioxidationsmittel, das den Alterungsprozess verlangsamt.

Die Aubergine längs vierteln, die Viertel schräg in mundgerechte Stücke schneiden. In einem Topf gesalzenes Wasser aufkochen und die Auberginenstücke 2 Minuten darin blanchieren. In ein Sieb abgießen und mit einer Prise Salz bestreuen. Zur selben Zeit den Stängelkohl in einem zweiten Topf ebenfalls blanchieren und dann abgießen. Den Sushi-Reis und Sushi-Ingwer in einer Schüssel vermischen.

Die Reismischung auf zwei Teller verteilen, Auberginen und Stängelkohl darauf anrichten. Mit Sesam bestreuen und mit Stäbchen servieren.

## Bambussprossen-Sushi

Für 2 Personen

- 100 g Bambussprossen
- ½ frittierte Tofutasche (siehe Seite 64)
- 1 Hühnerschenkelfilet
- 200 ml Dashi (siehe Seite 106)
- 2 EL Sojasauce (siehe Seite 14)
- 2 EL Mirin (süßer Reiswein; siehe Seite 13)
- 200 g gegarter Sushi-Reis (siehe links)
- 1 kleine Handvoll zerpflückte Nori (Rotalgen; siehe Seite 14)
- 1 EL fein gehackter Sushi-Ingwer

Bambussprossen sind reich an löslichen Ballaststoffen und darum perfekt zum Abnehmen geeignet. Außerhalb Japans bekommt man sie in Wasser vakuumverpackt oder in Dosen.

Die Bambussprossen kurz abspülen, trocken tupfen und in mundgerechte Stücke schneiden. Die Tofutasche in einem Sieb mit kochendem Wasser übergießen, um überschüssiges Fett zu entfernen. Trocken tupfen, in dünne Streifen schneiden.

Die Haut vom Hühnerfleisch abziehen und wegwerfen. Das Fleisch in kleine Stücke hacken. Bambussprossen, Tofu, Fleisch, Dashi, Sojasauce und Mirin in einem flachen Topf bei starker Hitze aufkochen. Die Hitze reduzieren und die gesamte Flüssigkeit in 15–20 Minuten einkochen lassen.

Den Sushi-Reis in eine Schüssel geben und die Bambusmischung unterrühren. Auf zwei Teller verteilen, mit Nori bestreuen und mit Sushi-Ingwer garnieren. Mit Stäbchen servieren.

# Räucherlachs-Sushi

## Für 2 Personen

- ½ weiße oder rote Zwiebel, in dünne Scheiben geschnitten
- 200 g gegarter Sushi-Reis (siehe Seite 132)
- Frisch gepresster Saft von 1 Limette
- 2 EL Kapern, fein gehackt
- 50 g geräucherter Lachs, grob gehackt
- 2 große Handvoll Rucola
- 2 EL Lachsrogen, mit 1 EL Sake (siehe Seite 14) vermischt
- 1 Blatt Nori (Rotalgen; siehe Seite 14) zum Garnieren, in kleine Stücke zerpflückt

Sushi ist ein köstliches leichtes Essen – also ideal für den Abend –, und bei diesem wunderschönen Gericht vergessen Sie schnell, dass Sie gerade eine Diät machen. Falls möglich, sollten Sie hier wilden, gezähnten Rucola verwenden, der noch aromatischer schmeckt als normaler Rucola.

Die Zwiebelscheiben in eine Schale mit kaltem Wasser geben, um den intensiven Geschmack zu mildern. Die Scheiben nach 10 Minuten abgießen.

Den Sushi-Reis in einer Schale mit dem Limettensaft und den Kapern vermischen.

Die Reismischung auf zwei Servierteller verteilen und den Räucherlachs mit dem Rucola darauf anrichten. Mit den Zwiebeln bestreuen und den Lachsrogen daraufsetzen. Mit Nori garnieren und mit Stäbchen servieren.

# Sushi mit mariniertem Thunfisch

Für 2 Personen

- 100 g Thunfischsteak, gewürfelt
- 200 g gegarter Sushi-Reis (siehe Seite 132)
- 1 Handvoll Rucola, grob gehackt
- 1 Frühlingszwiebel, fein gehackt
- 1 Schälchen Kresse
- 2 EL gerösteter Sesam (siehe Seite 10)
- 1 Handvoll zerpflückte Nori (Rotalgen; siehe Seite 14)

Für die Soja-Marinade

- 1 EL gerösteter Sesam (siehe Seite 10)
- 1 Frühlingszwiebel, fein gehackt
- 2 EL Sojasauce (siehe Seite 14)
- 1 EL Sake (siehe Seite 14)
- 2 TL Wasabi-Paste (japanischer Meerrettich; siehe Seite 15)

Diese regionale Spezialität aus Mie Prefecture (südöstlich von Nagoya) verdankt ihren japanischen Namen »tekone zushi« der Tatsache, dass der marinierte Thunfisch mit dem Sushi-Reis von Hand vermischt wird. Sie müssen den Fisch jedoch nicht mit dem Reis vermischen, sondern können das Gericht auch wie auf der Abbildung links anrichten.

Alle Zutaten für die Marinade verrühren. Die Thunfischwürfel in einer Glasschale vorsichtig mit der Marinade vermischen und 30 Minuten durchziehen lassen. Den Thunfisch aus der Marinade nehmen und mit Küchenpapier trocken tupfen.

Den vorbereiteten Sushi-Reis in eine flache Schüssel geben. Den marinierten Thunfisch, den Rucola, die Frühlingszwiebel und die Kresse hinzufügen und mit den Händen gleichmäßig unter den Reis mischen. Die Sushi-Mischung auf zwei Schalen verteilen, mit dem gerösteten Sesam bestreuen und mit Nori garnieren. Mit Stäbchen servieren.

# Sushi mit weißem Krabbenfleisch und Granatapfel

Granatapfel gilt als »Allheilmittel«, denn er ist ein hervorragendes Antioxidationsmittel, das den Körper vor Herzleiden, frühzeitiger Alterung, Alzheimer und Krebs schützen soll. Beheimatet ist der Granatapfel in Persien, und viele Mythen ranken sich um die außergewöhnliche Frucht. Für dieses wunderschöne, erfrischende Gericht werden sowohl die Kerne als auch der Saft verwendet.

**Für 2 Personen**

- 100 g tiefgekühlte Dicke Bohnen (oder frische Dicke Bohnen)
- 200 g gegarter Sushi-Reis (siehe Seite 132)
- 1 Granatapfel; Kerne ausgelöst
- 100 g gegartes weißes Krabbenfleisch
- 2 EL fein gehacktes Koriandergrün
- 1 EL fein gehackte Minze
- 1 EL gerösteter Sesam (nach Belieben; siehe Seite 10)

**Für die Essigmischung**
- 2 EL Rotweinessig
- 2 EL Granatapfelsaft

Die Dicken Bohnen 3 Minuten in kochendem Wasser garen, abgießen, unter fließendem kaltem Wasser abspülen und enthäuten. (Das Entfernen der Haut ist etwas mühsam, aber es lohnt sich.) Rotweinessig und Granatapfelsaft für die Essigmischung verquirlen.

Den Sushi-Reis in eine Schüssel geben, Granatapfelkerne, Dicke Bohnen und Krabbenfleisch hinzufügen. Die Essigmischung darübergießen und mit einem Holzspatel mit einer seitlichen Bewegung (wie beim Schneiden) alles vermischen.

Die Sushi-Mischung auf zwei Teller verteilen, mit dem Koriandergrün und der Minze garnieren und mit dem Sesam (falls verwendet) bestreuen. Mit Stäbchen servieren.

## Kayu ländliche Art mit Huhn und Miso

Für 2 Personen

- 180 g japanischer Rundkorn- oder Naturreis (siehe Seite 31)
- 100 g Hühnerschenkelfilet, sichtbares Fett entfernt, in mundgerechte Stücke geschnitten
- 1 EL Sake (siehe Seite 14)
- 1 Möhre, gründlich gewaschen
- 1 Stange Lauch, geputzt
- ½ EL Sesamöl
- 50 g tiefgekühlte Klettenwurzel (siehe Seite 10)
- 600 ml Dashi (siehe Seite 106/107) – kräftige oder Wasser-Dashi
- 2 Shiitakepilze, Stiele entfernt, Hüte in Scheiben geschnitten
- 4 Zuckerschoten, schräg halbiert
- 4 EL mittelhelles Miso (Sojabohnenpaste; siehe Seite 14)
- 2 Frühlingszwiebeln, schräg in dünne Scheiben geschnitten
- 1 TL gerösteter Sesam (siehe Seite 10)

»Kayu« ist das japanische Wort für »Reisbrei«. Sein Ursprung soll auf einen abgeschiedenen Tempel des Zen-Buddhismus zurückgehen, wo die Mönche ihre langen enthaltsamen Tage mit einer Schale Reisbrei und ein paar Scheiben eingelegtem Gemüse begannen. Dieses bescheidene Frühstück der Mönche ist das ideale leichte Abendessen. Die verschiedenen Arten von »Kayu« unterscheidet man je nach Menge der Flüssigkeit, die man dem Reis zugibt. Für eine Mahlzeit zum Abnehmen empfehle ich etwa sieben Teile Flüssigkeit auf einen Teil Reis – ein kräftiges Kayu mit ausgeprägten Aromen, wohlschmeckend und sättigend.

Den Reis unter fließendem kaltem Wasser waschen, bis das abfließende Wasser klar bleibt, dann in einem Sieb mindestens 30 Minuten abtropfen lassen. Das Fleisch in einer Schüssel mit dem Sake beträufeln.

Die Möhre und den Lauch längs halbieren und die Hälften schräg in Scheiben schneiden. Das Sesamöl in einem Wok bei mittlerer Temperatur stark erhitzen und das Fleisch darin 3 Minuten pfannenrühren. Reis, Klettenwurzel, Möhre und Lauch hinzugeben und ebenfalls 2–3 Minuten pfannenrühren, dann die Dashi dazugießen und aufkochen lassen. Alles bei mittlerer bis schwacher Hitze zugedeckt 20 Minuten garen.

Die Shiitakepilze und Zuckerschoten unterrühren und 5 Minuten garen. Das Miso in einer Schöpfkelle mit heißer Reismischung verrühren, bis es sich auflöst, und in den Wok geben.

Die Hälfte der Frühlingszwiebeln sachte unterrühren und den Herd ausschalten. Die Reismischung auf zwei Schalen verteilen, mit den restlichen Frühlingszwiebeln und dem Sesam bestreuen und sofort mit Stäbchen servieren.

## Shiitake-Kayu mit Spinat

Hierbei handelt es sich um die Variante eines Rezepts aus der Traditionellen Chinesischen Medizin, in der getrocknete Pilze zur Stärkung des Immunsystems eingesetzt werden.

Den Reis unter fließendem kaltem Wasser waschen und in einem Sieb mindestens 30 Minuten abtropfen lassen. Die Shiitakehüte in einer Schale mit kochend heißem Wasser bedecken (die Stiele wegwerfen). Pilze und Wasser aufbewahren.

Den Reis mit dem Sesamöl vermischen und mit der Dashi in einen Topf mit schwerem Boden geben. Die eingeweichten Shiitakepilze abgießen, in Scheiben schneiden und mit dem Einweichwasser zum Reis geben. Bei starker Hitze aufkochen, dann bei mittlerer bis schwacher Hitze 25–30 Minuten köcheln lassen. Die Frühlingszwiebel in dünne Scheiben schneiden.

Mit Sojasauce und Mirin würzen. Den Spinat sachte unterziehen, dann den Herd ausschalten. Auf zwei vorgewärmte Schalen verteilen, mit der Frühlingszwiebel garnieren, mit dem Sesam bestreuen und mit Stäbchen servieren.

**Für 2 Personen**

- 80 g japanischer Rundkorn- oder Naturreis (siehe Seite 31)
- 4 getrocknete Shiitakepilze
- ½ EL Sesamöl
- 560 ml Dashi (siehe Seite 106/107) – kräftige, vegetarische oder Wasser-Dashi
- 1 Frühlingszwiebel
- 2 EL Sojasauce (siehe Seite 14)
- 1 EL Mirin (siehe Seite 13)
- 100 g Spinat, grob gehackt
- 1 TL gerösteter Sesam (siehe Seite 10)

## Wakame-Kayu mit Miso und Pilzen

Es ist nicht überraschend, dass die japanische Küche zahllose Zubereitungs- und Würzmethoden für Reis kennt. Hier folgt ein weiteres gesundes und schmackhaftes Reisgericht mit Algen, Pilzen und Miso.

Den Reis unter fließendem kaltem Wasser waschen, bis das abfließende Wasser klar bleibt. In einem Sieb mindestens 30 Minuten abtropfen lassen. Reis und Dashi in einem Topf mit schwerem Boden zugedeckt bei starker Hitze aufkochen, dann bei reduzierter Hitze 20 Minuten köcheln lassen.

Die Stielenden der Enoki wegschneiden und die Pilze trennen. Die Wakame abgießen und mit den Möhrenscheiben und Enoki zum Reis geben; 10 Minuten köcheln lassen, dann die Frühlingszwiebel hinzufügen.

Das Miso in etwas heißer Reismischung auflösen und unter den Reis rühren. Das Kayu vom Herd nehmen, in vorgewärmte Schalen füllen und sofort mit Stäbchen servieren.

**Für 2 Personen**

- 80 g japanischer Rundkorn- oder Naturreis (siehe Seite 31)
- 560 ml Dashi (siehe Seite 106)
- 100 g Enoki-Pilze (oder Egerlinge)
- 1 EL Wakame (Braunalge; siehe Seite 15), in Wasser eingeweicht
- ½ Möhre, gründlich gewaschen und schräg in Scheiben geschnitten
- 1 Frühlingszwiebel, fein gehackt
- 2 EL mittelhelles Miso (Sojabohnenpaste; siehe Seite 14)

## Kayu mit weißem Krabbenfleisch

Für 2 Personen

- 80 g japanischer Rundkorn- oder Naturreis (siehe Seite 31)
- 200 g Krabbenfleisch in der Schale
- 100 g Chinakohl, gehackt
- 600 ml Dashi (siehe Seite 106/107) – kräftige oder Wasser-Dashi
- 2 EL Sake (siehe Seite 14)
- ½ TL Salz
- 2 EL helle Sojasauce (siehe Seite 14)
- 1 Ei, leicht verquirlt
- 2 Frühlingszwiebeln, schräg in dünne Scheiben geschnitten

Wer noch nicht ausgelöstes Krabbenfleisch bekommt, sollte einmal dieses feine Kayu ausprobieren.

Den Reis unter fließendem kaltem Wasser waschen, bis das abfließende Wasser klar bleibt. In einem Sieb mindestens 30 Minuten abtropfen lassen.

Inzwischen das Krabbenfleisch auslösen. Reis, Krabbenschalen und Chinakohl mit der Dashi in einem Topf mit schwerem Boden bei starker Hitze aufkochen.

Die Mischung sprudelnd aufkochen lassen und dann bei mittlerer bis schwacher Hitze 25–30 Minuten garen. Die Krabbenschalen herausnehmen und wegwerfen, das Krabbenfleisch in den Topf geben. Mit Sake, Salz und Sojasauce würzen und aufkochen.

Das Ei einrühren und, sobald es zu stocken beginnt, den Topf vom Herd nehmen. Auf zwei vorgewärmte Schalen verteilen, mit den Frühlingszwiebeln garnieren und sofort mit Stäbchen servieren.

## Garnelen-Ei-Kayu

Für 2 Personen

- 80 g japanischer Rundkorn- oder Naturreis (siehe Seite 31)
- 100 g tiefgekühlte Garnelen
- 560 ml Dashi (siehe Seite 106/107) – kräftige oder Wasser-Dashi
- 1 ½ EL helle Sojasauce (siehe Seite 14)
- 1 ½ EL Sake (siehe Seite 14)
- 2 Eier, leicht verquirlt
- Einige Zweige Koriandergrün, grob zerpflückt

Jeder sollte einige Gerichte kennen, die man mit ein paar Zutaten aus dem Kühlschrank schnell zubereiten kann.

Den Reis unter fließendem kaltem Wasser waschen, bis das abfließende Wasser klar bleibt. In einem Sieb mindestens 30 Minuten abtropfen lassen.

Reis, Garnelen, Dashi, Sojasauce und Sake in einem Topf mit schwerem Boden bei starker Hitze aufkochen und dann bei schwacher Hitze 20 Minuten garen.

Die Eier einrühren und die Mischung 3 Minuten garen, dann den Topf vom Herd nehmen. Auf zwei vorgewärmte Schalen verteilen. Mit Koriandergrün garnieren und mit Stäbchen servieren.

# Kayu mit Austern

Für 2 Personen

- 80 g japanischer Rundkorn- oder Naturreis (siehe Seite 31)
- 10 frische Austern, ausgelöst
- 560 ml Dashi (siehe Seite 106/107) – kräftige, Sardellen- oder Wasser-Dashi
- ½ TL Salz
- 1 EL helle Sojasauce (siehe Seite 14)
- 1 TL geriebener frischer Ingwer
- Die Schale von ½ unbehandelten Zitrone, in feine Streifen geschnitten
- Einige Zweige Koriandergrün, grob zerpflückt
- 1 Blatt Nori (Rotalgen; siehe Seite 14), in kleine Stücke zerkrümelt
- 1 Frühlingszwiebel, in dünne Scheiben geschnitten

Kayu ist leicht verdaulich, wunderbar sättigend, und mit ein paar frischen Austern wird daraus ein elegantes Essen. Ich stelle hier zwei verschiedene Garnituren zur Auswahl – Zitronenschale, Koriandergrün und Nori oder, für die einfachere Variante, nur etwas Frühlingszwiebel. Sie haben die Wahl.

Den Reis unter fließendem kaltem Wasser waschen, bis das abfließende Wasser klar bleibt. In einem Sieb mindestens 30 Minuten abtropfen lassen. Die Austern in einem Sieb kurz unter fließendem kaltem Wasser waschen und abtropfen lassen.

Reis, Dashi, Salz und Sojasauce in einem Topf mit schwerem Boden und fest schließendem Deckel bei starker Hitze aufkochen und 5 Minuten garen. Beginnt die Mischung fast überzukochen, auf mittlere bis schwache Hitze schalten und weitere 25–30 Minuten garen.

Die Austern unterrühren und alles erneut aufkochen lassen. Den Ingwer unterrühren und den Topf vom Herd nehmen. Das Gericht auf zwei vorgewärmte Schalen verteilen und mit Zitronenschale, Koriandergrün und Nori oder nur mit etwas Frühlingszwiebel garnieren. Sofort mit Stäbchen servieren.

# Dorade auf Reis

Für 2 Personen

- 100 g japanischer Rundkornreis
- 100 g Doradenfilet
- 1/2 TL Salz
- 175 ml Dashi (siehe Seite 106/107) – fein-aromatische oder Wasser-Dashi
- 2 EL helle Sojasauce (siehe Seite 14)
- 2 EL Sake (siehe Seite 14)
- 1/2 Schälchen Kresse

In Japan gilt Dorade wegen ihres delikaten Geschmacks und der wunderbaren Textur als König der Fische. Ein festliches Essen ohne diesen Fisch ist kaum vorstellbar. Er enthält hochwertiges Eiweiß und ist außerdem leicht verdaulich.

Den Reis unter fließendem kaltem Wasser waschen, bis das abfließende Wasser klar bleibt. In einem Sieb mindestens 30 Minuten abtropfen lassen.

In der Zwischenzeit einen Grill vorheizen und den Fisch schräg in mundgerechte Stücke von 1,5 Zentimeter Dicke schneiden. Mit dem Salz bestreuen und 10 Minuten ruhen lassen. Den vorbereiteten Fisch von beiden Seiten je 2 Minuten grillen.

Den Reis in einen flachen Topf mit schwerem Boden und fest schließendem Deckel geben. Dashi, Sojasauce und Sake hinzufügen. Zugedeckt bei mittlerer Hitze zum Kochen bringen und 10 Minuten garen, bis an der Oberfläche keine Garflüssigkeit mehr zu sehen ist.

Den Fisch auf den Reis legen und beides zusammen zugedeckt noch 5 Minuten garen. Den Herd ausschalten und den Reis mit dem Fisch weitere 10 Minuten dämpfen. Mit der Kresse garnieren und mit Stäbchen servieren.

# Dreierlei-Bohnen-Suppe mit Reis

## Für 2 Personen

- 150 g japanischer Rundkornreis
- 50 g Milchreis
- 300 ml Wasser
- 1 Stück Kombu (Zuckerriementang; siehe Seite 13) von der Größe einer halben Postkarte
- 25 g Edamame (grüne Sojabohnen, frisch oder tiefgekühlt)
- 25 g Dicke Bohnen (frisch oder tiefgekühlt)
- 25 g grüne Erbsen (frisch oder tiefgekühlt)
- 2 EL Sake (siehe Seite 14)
- ½ TL Salz
- 1 TL gerösteter schwarzer Sesam (siehe Seite 10)

Diese Suppe kann man auch mit anderen Bohnensorten zubereiten, doch mit Edamame, grünen Erbsen und Dicken Bohnen schmeckt sie besonders gut.

Beide Reissorten unter fließendem kaltem Wasser waschen, bis das abfließende Wasser klar bleibt. Den Reis in einen Topf mit schwerem Boden und fest schließendem Deckel geben, die 300 Milliliter Wasser und den Kombu hinzufügen und alles bei schwacher Hitze 30 Minuten garen.

Edamame, Dicke Bohnen, Erbsen, Sake und Salz dazugeben und zugedeckt bei schwacher Hitze erneut aufkochen. Den Topf nicht öffnen, sondern auf aufsteigenden Dampf oder das typische Kochgeräusch achten.

Auf starke Hitze schalten, alles 3 Minuten garen und den Herd ausschalten. Die Suppe noch 10 Minuten zugedeckt dämpfen und erst dann den Topf öffnen und die Mischung durchrühren.

Auf zwei Schalen verteilen, mit dem schwarzen Sesam bestreuen und mit Stäbchen servieren.

# Okonomiyaki (Pikante Pfannkuchen)

Für 2 Personen

- 200 g Spitzkohl oder Wirsing, fein gehobelt
- 100 g Bohnensprossen
- 2 Frühlingszwiebeln, fein gehackt
- 25 g frischer Ingwer, gerieben
- 4 EL Mehl
- ½ TL Salz
- 2 Eier
- 1 EL Pflanzenöl
- 4 Scheiben durchwachsener Speck, in mundgerechte Stücke geschnitten
- 2 Handvoll Bonito-Flocken (siehe Seite 13)
- 2 EL japanische Okonomiyaki-Sauce (oder englische Brown Sauce)
- 2 EL zerkrümelte Nori (Rotalgen; siehe Seite 13)

Okonomiyaki ist ein beliebter japanischer Snack, den man schon vor 300 Jahren in den Straßen Tokios verkaufte. Die wichtigsten Zutaten sind gehobelter Kohl, Eier und gewürztes Mehl, das als Bindemittel dient. Man brät Okonomiyaki wie Pfannkuchen in einer heißen Pfanne.

Kohl, Bohnensprossen, Frühlingszwiebeln, geriebenen Ingwer, Mehl, Salz und Eier in eine große Schüssel geben. Mit einem Esslöffel leicht vermischen, jedoch nicht zu lange mischen, sonst wird die Masse klebrig und schwer.

Eine beschichtete Bratpfanne bei mittlerer Temperatur erhitzen und einen halben Esslöffel Öl hineingeben. Die Hälfte der Masse in der Pfanne verteilen, mit der Hälfte des Specks und einer Handvoll Bonito-Flocken bestreuen. Die Flocken nicht nach unten drücken, auch wenn Sie sich in der Hitze leicht bewegen.

Das Omelett 5–6 Minuten von einer Seite backen, wenden und von der anderen Seite weitere 6–7 Minuten backen; erneut wenden und noch mal 3 Minuten backen. Vom Herd nehmen, warm halten und das zweite Omelett auf die gleiche Weise backen.

Die beiden Okonomiyaki auf zwei Teller setzen und mit einem Löffelrücken die Okonomiyaki-Sauce darüberstreichen. Mit Nori bestreuen und mit Stäbchen servieren.

# Zucchini-Okonomiyaki mit Thunfisch

**Für 2 Personen**

- 4 Zucchini, gewaschen, Enden weggeschnitten
- 1 rote Paprikaschote, Samen und Scheidewände entfernt, in feine Streifen geschnitten
- 1 rote Zwiebel, in dünne Scheiben geschnitten
- 1 große Handvoll fein gehackte glatte Petersilie
- 2 Knoblauchzehen, gerieben
- 170 g Thunfisch aus der Dose, abgetropft, zerpflückt
- 4 EL Mehl
- 1 TL Chiliflocken
- ½ TL Salz
- 2 Eier
- 1 EL Pflanzenöl
- 1 Handvoll getrocknete Bonito-Flocken (siehe Seite 13)

Diese Variante des klassischen Okonomiyaki-Rezepts entstand, als im Laufe eines Sommers unzählige Zucchini in meinem Garten wuchsen.

Die Zucchini mit der Rohkost- oder der japanischen Daikon-Reibe fein reiben, die überschüssige Flüssigkeit ausdrücken und das Fleisch auflockern. Sämtliche Zutaten mit Ausnahme des Öls und der Bonito-Flocken in eine große Schüssel geben. Mit einem Esslöffel leicht durchheben, jedoch nicht zu lange mischen, sonst wird die Masse klebrig und schwer.

In einer Pfanne einen halben Esslöffel Öl bei mittlerer Temperatur erhitzen. Die Hälfte der Masse in der Pfanne auf die Größe eines Desserttellers verteilen, jedoch nicht flach drücken.

Das Omelett 6–7 Minuten von einer Seite backen, wenden und von der anderen Seite weitere 5–6 Minuten backen. Vom Herd nehmen, warm halten und das zweite Omelett auf die gleiche Weise backen. Jedes Omelett auf einen Teller setzen, mit den Bonito-Flocken garnieren und mit Stäbchen servieren.

# Lachstopf

Für 2 Personen

- 4 EL getrocknete gemischte Algen
- 200 g Daikon-Rettich (siehe Seite 10), gründlich gewaschen
- 1 Möhre, gründlich gewaschen
- 450 ml Dashi (siehe Seite 106)
- 1 Stange Lauch, schräg in dünne Scheiben geschnitten
- 100 g Chinakohl, fein gehobelt
- 1 Knoblauchzehe, gerieben
- 100 g Lachsfilet, schräg in mundgerechte Stücke geschnitten
- 4 EL mittelhelles oder rotes Miso (Sojabohnepaste; siehe Seite 14)
- 1 EL frisch gepresster Zitronensaft

Japanische Eintöpfe sind ein beliebter Klassiker – Familie und Freunde sitzen rund um einen großen Topf und kochen feine Saisonprodukte oder regionale Spezialitäten. Diese Variante hier ist gesund, leicht und schnell zubereitet.

Die Algen in einer Schüssel mit Wasser bedecken und weich werden lassen. Den Daikon in ein Zentimeter dicke Scheiben schneiden und diese jeweils vierteln. Die Möhre schräg in ein Zentimeter dicke Scheiben schneiden. Daikon und Möhre mit der Dashi in einem Topf bei mittlerer Hitze aufkochen.

Die Algen abgießen. Sobald die Dashi zu kochen beginnt, die Hitze reduzieren. Die Algen mit dem Lauch, Kohl, Knoblauch und Lachs dazugeben und 10 Minuten garen. Das Miso in einer kleinen Schale in etwas heißer Brühe auflösen und in den Topf gießen. Den Eintopf bei starker Hitze ganz kurz aufkochen und dann sofort in zwei vorgewärmte Schalen schöpfen. Mit dem Zitronensaft beträufeln und mit Stäbchen servieren.

# Tofusuppe

Für 2 Personen

- 1 postkartengroßes Stück Kombu (Zuckerriementang; siehe Seite 13)
- 200 g Seidentofu (siehe Seite 15)
- 2 Frühlingszwiebeln
- 400 ml Wasser
- Sojasauce (siehe Seite 14)
- 1 Handvoll getrocknete Bonito-Flocken (siehe Seite 13)

Tofu sollte nie lange gekocht werden, sonst wird er gummiartig und bekommt kleine Löcher – darum den Tofu lieber nur erwärmen und nicht kochen.

Den Kombu in einem Topf mit dem Wasser bedecken und 30 Minuten einweichen. Den Tofu in 2,5 Zentimeter große Würfel schneiden. Die Frühlingszwiebeln hacken.

Das Wasser mit dem Kombu bei niedriger Temperatur erhitzen. Sobald kleine Bläschen aufsteigen, die Tofuwürfel hineingeben und sachte erhitzen. Den Herd ausschalten und die Brühe mit dem Tofu auf zwei Schalen verteilen. Mit Sojasauce, Bonito-Flocken und Frühlingszwiebeln servieren.

# Gemüsesalat mit gedämpfter Scholle und Tofudressing

Scholle ist ein wunderbarer Fisch zum Abnehmen. Sie ist reich an hochwertigem Eiweiß und dabei fett- und kalorienarm. Zudem enthält sie viel Vitamin B1 und B2, die gegen Stress wirken. Ihr hoher Gehalt an Vitamin D beugt Osteoporose vor, und das enthaltene Kollagen sorgt für eine jugendliche Haut. Die beste Zeit für Scholle sind die kalten Monate und das beginnende Frühjahr. Ein warmer Salat ist also das ideale Rezept für diesen köstlichen Fisch.

**Für 2 Personen**

- 200 g Scholle
- 4 EL Sake (siehe Seite 14)
- Salz und frisch gemahlener schwarzer Pfeffer
- 200 g Stängelkohl (ersatzweise Brokkoli)
- 6 Stangen grüner Spargel
- 10 feine grüne Bohnen, geputzt
- 4 gehäufte EL Dicke Bohnen

**Für das Tofudressing**

- 4 EL gerösteter Sesam (siehe Seite 10), im Mörser fein zermahlen
- 6 EL Tofujoghurt
- 1 EL flüssiger Honig
- 2 EL Sojasauce (siehe Seite 14)
- ½ TL Sesamöl

Zwei Bambuskörbe zum Dämpfen bereitstellen. Den Fisch in mundgerechte Stücke schneiden und in eine flache Porzellanschale geben, die in einen Bambuskorb passt. Den Sake hinzugießen, mit Salz und Pfeffer würzen.

Den Stängelkohl in mundgerechte Röschen zerteilen. Den Spargel von den holzigen Enden befreien und halbieren.

Die Schale mit dem Fisch in einen Bambuskorb setzen, mit dem Deckel verschließen und über kochendem Wasser bei mittlerer Hitze 10–12 Minuten dämpfen.

Während der Fisch gart, die Zutaten für das Dressing verrühren.

Die grünen Bohnen so in den zweiten Dämpfkorb geben, dass genügend Platz für das restliche Gemüse bleibt. Auf den Topf unter den Korb mit dem Fisch setzen und alles weitere 2 Minuten dämpfen. Das übrige Gemüse hinzugeben und nochmals 2 Minuten dämpfen.

Sämtliche Zutaten in gleichmäßigen Portionen auf zwei Serviertellern anrichten. Mit dem Tofudressing beträufeln und mit Stäbchen servieren.

# Japanische Kohlröllchen

**Für 2 Personen**

- ½ Kopf Chinakohl (400–500 g)
- 200 g mageres gehacktes Schweinefleisch
- ½ Zwiebel, fein gehackt
- ½ Möhre, fein geraspelt
- 1 TL geriebener frischer Ingwer
- 1 Eigelb
- ½ TL Salz
- Frisch gemahlener schwarzer Pfeffer
- 3 TL Maisstärke
- 4 TL Wasser
- 200 ml Dashi (siehe Seite 106)
- 2 EL Sojasauce
- Einige Minzeblätter, in feine Streifen geschnitten

Ich hatte stets gewisse Vorbehalte gegen die Verwendung einer Mikrowelle, und so stand sie die meiste Zeit ungenutzt in meiner Küche. Doch inzwischen bin ich dabei, meine Einstellung zu überdenken. Eine Mikrowelle ist schnell, sauber und unkompliziert, insbesondere bei kleinen Portionen. Für dieses Gericht kommt sie nun voll zum Einsatz. Wer jedoch kein Gerät besitzt oder benutzen möchte, kann stattdessen eine flache Pfanne mit fest schließendem Deckel verwenden.

Den Chinakohl halbieren, sodass Viertel entstehen. Den Strunk herausschneiden, die Blätter jedoch nicht voneinander trennen.

Schweinefleisch, Zwiebel, Möhre, Ingwer, Eigelb, Salz, Pfeffer und einen Teelöffel Maisstärke vermischen und die Masse in zwei gleich große Portionen teilen.

Die Fleischmasse mit der Rückseite eines Dessertlöffels zwischen den einzelnen Kohlblättern verstreichen und die so gefüllten Kohlviertel mit Küchengarn fixieren. Die beiden Kohlviertel in eine mikrowellengeeignete Schüssel geben (Fassungsvermögen mindestens 300 Milliliter), mit durchlässiger Mikrowellenfolie bedecken und für etwa 8 Minuten in die Mikrowelle (bei mittlerer bis hoher Stufe) stellen, bis das Fleisch durchgegart ist. Die Kohlviertel aus der Schüssel nehmen und leicht abkühlen lassen. Das Küchengarn entfernen, die Viertel in mundgerechte Stücke schneiden und auf zwei Serviertellern anrichten.

Die restliche Maisstärke mit dem Wasser verrühren. Dashi, Sojasauce und angerührte Maisstärke in die Schüssel füllen und für 2–3 Minuten bei 600–800 Watt ebenfalls in die Mikrowelle geben. Die heiße Sauce über die Kohlröllchen gießen, mit Minze garnieren und mit Stäbchen servieren.

Nun gut, Sie sind also noch hungrig. Das kann schon mal vorkommen, denn Sie machen ja eine Diät. Doch bleiben Sie dabei und essen Sie sich auch weiterhin *schlank mit Stäbchen*, denn bestimmt haben Sie das selbst gesteckte Ziel schon fast erreicht. Auf den nächsten Seiten stelle ich Ihnen fünf kleine Snacks vor, die mir durch diese schwachen Momente halfen, wenn ich plötzlich hungrig wurde und die Versuchung groß war, zu irgendeiner Nascherei zu greifen. Wenn Sie Zeit haben, bereiten Sie am besten gleich ein oder zwei der kleinen Gerichte im Voraus zu, dann können Sie die kalorienarmen Snacks jederzeit – und ganz ohne schlechtes Gewissen – genießen.

# Für den
# Heißhunger

# Pikante Konnyaku-Würfel

**Für 2 Personen**

- 270 g Konnyaku (siehe Seite 13)
- 1 TL Sesamöl
- 3 EL Sojasauce (siehe Seite 14)
- 1 EL Mirin (süßer Reiswein; siehe Seite 13)
- ½ TL Chiliflocken

Konnyaku (Wissenswertes zu seinen gesunden Inhaltsstoffen auf Seite 122) gehört wohl zu den ungewöhnlichsten japanischen Lebensmitteln. Im Handel bekommt man es in Limettenwasser vakuumverpackt, und lichtgeschützt aufbewahrt, ist Konnyaku relativ lange haltbar. Diesen Snack bereite ich immer in größeren Mengen zu, sodass ich mehrere Tage einen kleinen Imbiss für zwischendurch habe.

Konnayku mit den Fingern in mundgerechte Würfel teilen. Ausreichend Wasser in einem Topf bis kurz vor den Siedepunkt erhitzen und die Würfel 2–3 Minuten darin pochieren. Abgießen und mit Küchenpapier trocken tupfen.

Einen Wok bei hoher Temperatur erhitzen, das Öl hineingeben und die Konnyaku-Würfel 5 Minuten darin pfannenrühren.

Den Herd auf mittlere Hitze schalten, die Würfel mit Sojasauce und Mirin würzen und so lange pfannenrühren, bis die gesamte Flüssigkeit eingekocht ist.

Die Würfel mit den Chiliflocken bestreuen und zum Aufbewahren in einen fest schließenden Behälter füllen.

## Tipp

Es macht gar nichts, wenn die Kanten der Konnyaku-Würfel beim Zerteilen etwas ungleichmäßig werden. Dadurch vergrößert sich ihre Oberfläche, und dies intensiviert den Geschmack.

## Kiriboshi-Daikon-Pickles

Für 2 Personen

- 50 g Kiriboshi-Daikon
  (siehe Rezepteinleitung)
- 1 Block frittierter Tofu
  (siehe Seite 15)
- ½ EL Sesamöl
- 125 ml Dashi (siehe Seite 106)
- 1 TL Zucker
- 1 EL Mirin (süßer Reiswein;
  siehe Seite 13)
- 2 EL Sojasauce (siehe Seite 14)

Bei Kiriboshi-Daikon handelt es sich um getrockneten Daikon, der reich an Mineralstoffen wie Natrium, Kalium und Kalzium ist und einen hohen Gehalt an löslichen Ballaststoffen hat. Doch vor allem besticht Kiriboshi-Daikon durch seinen wunderbar süßen Geschmack.

Den Kiriboshi-Daikon in eine große Schüssel mit kaltem Wasser geben und zwischen den Händen reiben, um die Stücke voneinander zu trennen. Abgießen und noch 5 Minuten ruhen lassen, dann in kochendes Wasser geben und 1 Minute pochieren. In ein Sieb abgießen, das Wasser dabei auffangen. Den Daikon leicht abkühlen lassen und in mundgerechte Stücke hacken.

Das heiße Pochierwasser über den frittierten Tofu gießen, um überschüssiges Öl zu entfernen. Den Tofu längs halbieren und in kleine Streifen schneiden.

Das Öl in einem flachen Topf bei hoher Temperatur erhitzen, den Kiriboshi-Daikon darin schwenken, bis er gleichmäßig mit Öl überzogen ist, dann den Tofu dazugeben. Dashi, Zucker, Mirin und Sojasauce hinzufügen, die Hitze reduzieren und alles köcheln lassen, bis fast die gesamte Flüssigkeit eingekocht ist. Dabei ununterbrochen mit zwei Stäbchen rühren. Die Pickles abkühlen lassen, in einen fest schließenden Behälter füllen und innerhalb von drei Tagen verzehren.

# Reis-Chips

Für 2 Personen

- **50 g gegarter Sushi-Reis**
  **(siehe Seite 132)**
- **1 EL gerösteter schwarzer Sesam**
  **(siehe Seite 10)**

Viele Jahre habe ich mir den Kopf darüber zerbrochen, wie man übrig gebliebenen Sushi-Reis am besten verwertet ... Nun freue ich mich, Ihnen dieses Rezept präsentieren zu können.

Den Backofen auf 160 °C Umluft vorheizen. Den fertigen Sushi-Reis mit dem Sesam vermischen. Ein großes Stück Backpapier auf ein Backblech legen und den Reis darauf verstreichen.

Ein weiteres Stück Backpapier darauflegen und den Reis zwischen den beiden Schichten mit einem Nudelholz dünn ausrollen. Die obere Schicht Backpapier ablösen. Den ausgerollten Reis auf dem Blech in den Ofen schieben und 10–12 Minuten backen, bis er schön knusprig und an den Rändern leicht gebräunt ist.

Aus dem Ofen nehmen, vollständig abkühlen lassen, das Backpapier ablösen und den Reis in kleine Chips brechen. Am selben Tag verzehren.

## Tomatengelee

- 200 ml Tomatensaft
- ½ TL Agar-Agar, in 1 TL Wasser aufgelöst (siehe Seite 10)
- 1 TL zerkrümelte Nori (Rotalgen; siehe Seite 14)
- Einige Spritzer Balsamico-Essig (nach Belieben)

Dieses ebenso gesunde wie außergewöhnliche Gelee wird mit Agar-Agar bereitet.

Den Tomatensaft mit dem aufgelösten Agar-Agar in einem Topf bei mittlerer Temperatur erhitzen. Sobald er zu kochen beginnt, bei schwacher Hitze 2 Minuten köcheln lassen.

Den Herd ausschalten. Den Tomatensaft in eine kleine Form gießen. Auf Raumtemperatur abkühlen lassen, in den Kühlschrank stellen und gelieren lassen. Das Tomatengelee auf einen Teller stürzen und mit Nori garnieren. Zum Aufbewahren würfeln, in einen fest schließenden Behälter füllen und den Snack innerhalb von zwei Tagen verzehren.

Mit einigen Spritzern Balsamico-Essig schmeckt das Gelee besonders gut.

## Grüntee-Soja-milch-Gelee

- 200 ml Sojamilch
- ½ TL Agar-Agar (siehe Seite 10)
- 1 TL Zucker oder Fruchtzucker
- 1 TL Matcha (Grünteepulver; siehe Seite 15), in 1 EL heißem Wasser aufgelöst

Hier gehen drei sehr figurfreundliche Zutaten eine schmackhafte Verbindung ein: Grüntee, Sojamilch und Agar-Agar.

Die Sojamilch mit dem Agar-Agar in einem Topf aufkochen und 2–3 Minuten köcheln lassen. Zucker und Matcha unterrühren.

Den Herd ausschalten, die Mischung in eine Form gießen, auf Raumtemperatur abkühlen und im Kühlschrank gelieren lassen.

Das Gelee in mundgerechte Stücke schneiden und innerhalb von zwei Tagen verzehren.

Im Gegensatz zu westlichen Kochtraditionen mit süßen Spezialitäten zum Ausklang einer Mahlzeit werden in Japan nach dem Essen keine Desserts gereicht. Stattdessen beschließt man ein traditionelles Essen mit einer Schale Reis, einer Schale Miso-Suppe und etwas eingelegtem Gemüse. Nachdem der Tisch abgeräumt wurde, gibt es manchmal noch verschiedene Saisonfrüchte und etwas grünen Tee, jedoch als eigenständigen kleinen Imbiss. Die Japaner lieben ihre süßen Spezialitäten und Desserts, vor allem die Frauen und Kinder, doch traditionelles japanisches Konfekt und Süßspeisen genießt man zwischen den Mahlzeiten, meist am Nachmittag zu grünem Tee.

Der gesundheitsfördernde und ästhetische Wert von grünem Tee ist weithin bekannt. Die enthaltenen Polyphenole, die dem Tee seinen ausgeprägten herben Geschmack verleihen, wirken als Antioxidans, regulieren den Blutdruck und den Blutzuckerspiegel und hemmen Entzündungen sowie das Entstehen von Krebs. Zudem sorgen sie, in Verbindung mit dem hohen Vitamin-C-Gehalt, für eine schöne Haut. Damit ein Großteil dieser wohltuenden Eigenschaften jedoch zum Tragen kommt, muss man den Tee im Grunde »essen« und nicht trinken. In China und Japan werden Tees schon seit Langem »gegessen«, etwa im Rahmen der Teezeremonie, für die man traditionell Grünteepulver (Matcha) verwendet. Ich habe einige Desserts auf der Basis von grünem Tee kreiert (und um weitere fettarme süße Snacks ergänzt) – zur köstlichen Abrundung einer leichten und gesunden Mahlzeit.

Desserts

# Grünteecreme

Für 2 Personen

- 2 TL gerösteter Sesam
  (siehe Seite 10)
- 2 TL Matcha (Grünteepulver;
  siehe Seite 15)
- 2 FL brauner Zucker
- ½ TL Agar-Agar (siehe Seite 10)
- 200 ml Sojamilch
- 2 Himbeeren

Aus grünem Tee, Agar-Agar und Sojamilch entsteht hier ein köstliches und gesundes Dessert, das Sie ohne schlechtes Gewissen genießen können. Agar-Agar ist eine Algenart mit ähnlichen Eigenschaften wie Gelatine, jedoch ist es pflanzlich und geliert sehr viel besser. Es hat keinerlei Kalorien, ist reich an Mineralstoffen, vor allem Eisen und Kalzium, und an löslichen Ballaststoffen, die für ein langanhaltendes Sättigungsgefühl sorgen. Zudem soll es den Cholesterinspiegel und Blutdruck regulieren. Alles in allem sollte es bei einer Diät nicht fehlen.

Die Sesamsamen im Mörser fein zermahlen. Matcha und braunen Zucker dazugeben und so lange weitermahlen, bis ein feines Pulver entstanden ist.

In einer kleinen Schüssel das Agar-Agar in einem Esslöffel Sojamilch auflösen. Die restliche Sojamilch in einer hitzebeständigen Schale mit der Grünteemischung verrühren und das aufgelöste Agar-Agar hinzufügen. Die Schale zudecken und für 90 Sekunden bei 600–800 Watt in die Mikrowelle stellen; dabei mehrmals durchrühren.

Die Abdeckung von der Schale entfernen und die Mischung in zwei Serviergläser füllen. Auf Raumtemperatur abkühlen und dann im Kühlschrank fest werden lassen. Jede Portion mit einer Himbeere garnieren und die Creme servieren.

Für mehr als zwei Portionen (siehe Abbildung rechts) einfach die Menge der Zutaten entsprechend erhöhen.

## Wassermelonen-würfel

Für 2 Personen

- 400 g Wassermelone, geschält
- 2 EL weißer Sesam (siehe Seite 10)
- 2 EL schwarzer Sesam (siehe Seite 10)

Wer hätte gedacht, dass man Wassermelone auf solch raffiniert köstliche Weise servieren kann.

Die Wassermelone von den Kernen befreien und in mundgerechte Würfel schneiden.

Die hellen und schwarzen Sesamsamen auf separaten Tellern verteilen. Jeweils eine Seite der Melonenwürfel in die Samen dippen und die Würfel mit Stäbchen servieren.


## Grüntee-Sorbet

Für 2 Personen

- 200 ml Wasser
- 3 EL Zucker
- 2 TL Matcha (Grünteepulver; siehe Seite 15), verrührt mit 2 EL heißem Wasser

Für Figurbewusste ist Sorbet die perfekte Alternative zur gehaltvolleren Eiscreme.

Das Wasser mit dem Zucker in einem Topf erhitzen, bis sich der Zucker aufgelöst hat. Das angerührte Grünteepulver gründlich unterrühren. Diese Mischung in ein flaches gefrierbeständiges Gefäß gießen.

Sobald die Mischung auf Raumtemperatur abgekühlt ist, für etwa 30 Minuten ins Tiefkühlfach stellen, bis sie an den Rändern zu gefrieren beginnt.

Mit einer Gabel gut durchrühren und dabei die Eiskristalle vom Rand lösen. Das Sorbet wieder ins Tiefkühlfach stellen. So lange gefrieren lassen, bis die gewünschte Konsistenz erreicht ist.

## Teepfannkuchen

Für 2 Personen

- 100 g Mehl, mit ½ TL Backpulver vermischt
- 50 g feinster Zucker
- 1 TL Matcha (Grünteepulver; siehe Seite 15)
- 1 Ei, leicht verquirlt
- 2 EL Mirin (süßer Reiswein; siehe Seite 13)
- 50 ml Wasser
- 1 TL Pflanzenöl
- Saisonales Obst, in Scheiben geschnitten

## Grünteegelee mit Grapefruit

Für 2 Personen

- 200 ml Wasser
- ½ TL Agar-Agar (siehe Seite 10)
- 1 TL Matcha (Grünteepulver; siehe Seite 15)
- 2 EL Mirin (süßer Reiswein; siehe Seite 13)
- 1 EL feinster Zucker
- 1 Grapefruit

Für dieses Dessert habe ich die traditionellen japanischen Pfannkuchen, »Dorayaki«, die etwa die Größe von Tennisbällen haben und mit süßer Adzukibohnenpaste gefüllt sind, leicht abgewandelt. Etwas frisch aufgeschnittenes Obst schmeckt dazu besonders gut. Probieren Sie die Grünteepfannkuchen als Dessert oder zum Frühstück.

Mehl, Zucker und Matcha in eine Schüssel sieben und eine Mulde in die Mitte drücken. Ei, Mirin und Wasser hineingeben und alles mit dem Schneebesen zügig verquirlen.

Das Öl in einer Antihaftpfanne bei niedriger Temperatur erhitzen und die Hälfte der Teigmischung hineingießen. 2–3 Minuten backen, bis sich im Pfannkuchen kleine Löcher zeigen. Von der anderen Seite weitere 2–3 Minuten backen. Den zweiten Pfannkuchen ebenso zubereiten, mit Früchten servieren.

Dieses gekühlte Dessert ist wunderschön anzusehen und gut für Körper und Haut.

Das Wasser mit dem Agar-Agar in einem Topf unter Rühren bei mittlerer Hitze aufkochen und 2 Minuten köcheln lassen, dann vom Herd nehmen.

Das Grünteepulver in einer kleinen Schale gründlich im Mirin verrühren, mit dem Zucker in den Topf geben und rühren, bis sich der Zucker aufgelöst hat. Die Mischung in eine Form gießen, erst auf Raumtemperatur abkühlen lassen und dann für 10 Minuten in den Kühlschrank stellen.

Inzwischen eine Grapefruit schälen und die Filets herauslösen. Mithilfe eines Dessertlöffels kleine Stücke vom Grünteegelee abstechen, diese in zwei gekühlte Gläser füllen, mit Grapefruit garnieren und servieren.

# Register

**A**

Adzukibohnen 10
  Adzuki-Reisbrei 20
Agar-Agar (siehe Kanten) 10
Auberginen
  Auberginen-Brokkoli-Sushi 133
  Eisgekühlte Miso-Suppe mit Tomaten, Auberginen und Gurke 108
  Gegrillte Auberginen mit Daikon auf Grüntee-Nudeln 49
  Miso-Suppe mit gegrillter Aubergine, Paprika und Ingwersenf 111
  Rinder-Carpaccio mit Aubergine und Ingwerdressing 100
Austern, Kayu mit Austern 144
Avocado
  Bonito-Avocado-Salat mit Wasabi-Honig-Dressing 95
  Daikon-Avocado-Salat mit Yuzu-Vinaigrette 79
Äpfel, Tofu-Apfel-Smoothie 26

**B**

Bambussprossen (siehe Takenoko) 15
  Bambussprossen-Sushi 133
Bananen, Grüntee-Milchshake 26
Bohnen
  Bohnen-Krabbenfleisch-Domburi 37
  Bohnen-Sprossen-Salat mit Chili-Sesam-Dressing 75
  Dreierlei-Bohnen-Suppe mit Reis 148
  Nudelsalat mit Spargel, grünen Bohnen und Hijiki 74
Bonito-Flocken (siehe Katsuo bushi) 13
Braunalge (siehe Wakame) 15
Brokkoli
  Auberginen-Brokkoli-Sushi 133
  Sobaghetti mit Brokkoli und Tofu 57
  Soba-Nudeln mit Umeboshi und Brokkoli 46
Brunnenkresse, Knusprige Ente mit Orangen-Kresse-Salat 103
Buchweizennudeln (siehe Soba) 14

**C**

Carpaccio, Rinder-Carpaccio mit Aubergine und Ingwerdressing 100
Chilischoten, Chili-Pilz-Domburi 34
Chinakohl, Soba-Nudeln mit Chinakohl und Tofu 44

**D**

Daikon (Daikon-Rettich) 10
  Daikon-Avocado-Salat mit Yuzu-Vinaigrette 79
  Daikon-Gurken-Salat mit geräuchertem Lachs 88
  Gegrillte Auberginen mit Daikon auf Grüntee-Nudeln 49
  Jakobsmuschel-Sashimi mit Salat 89
  Kiriboshi-Daikon-Pickles 162
  Klassische Lachs-Sashimi mit Daikon-Salat 86
  Lachsrogen und Daikon auf Soba-Nudeln 58
Dashi 106
  Dashi no moto (Instant-Dashi) 107
  Fein-aromatische Dashi 106
  Kräftige Dashi 106
  Sardellen-Dashi 107
  Vegetarische Dashi 106
  Wasser-Dashi 107
Domburi
  Bohnen-Krabbenfleisch-Domburi 37
  Chili-Pilz-Domburi 34
  Eier-Spinat-Domburi 32
  Meeresfrüchte-Rucola-Domburi 37
  Spargel-Sardellen-Domburi 31
  Thunfisch-Okra-Domburi 38
  Zucchini-Tomaten-Domburi 32
Dressings
  Brunnenkressedressing 89
  Chili-Dressing 94
  Chili-Sesam-Dressing 75
  Grapefruit-Wasabi-Dressing 100
  Ingwerdressing 100
  Minz-Soja-Dressing 73
  Miso-Sesam-Dressing 92
  Sesam-Miso-Sauce 99
  Soja-Essig-Dressing 91
  Süße Vinaigrette 76
  Tofudressing 99
  Wasabi-Dressing 80
  Wasabi-Honig-Dressing 95
  Wasabi-Ingwer-Dressing 86
  Würziges Miso-Dressing 96
  Yuzu-Vinaigrette 79

**E**

Eier
  Eier-Spinat-Domburi 32
  Garnelen-Ei-Kayu 143
  Gerolltes japanisches Omelett 25
  Pikanter Naturreis mit Eierflaum 21
  Soba-Nudeln in Eierflaumbrühe 56
  Spanische Tofu-Tortilla 25
Ente, Knusprige Ente mit Orangen-Kresse-Salat 103
Erdbeeren, Tofu-Erdbeer-Smoothie 26

**F**

Fisch (siehe auch Lachs, Scholle)
  Dorade auf Reis 147
  Gemüsesalat mit geräucherter Makrele und Miso-Sesam-Dressing 92
Frühlingsrollen 68
Furikake
  Lachs-Furikake 65
  Wakame-Grüntee-Furikake 65

**G**

Garnelen
  Frühlingsrollen 68
  Garnelen-Ei-Kayu 143
  Garnelen-Miso-Suppe mit Okraschoten 129
  Garnelen-Paprika-Salat mit Chili-Dressing 94
  Meeresfrüchte-Rucola-Domburi 37
  Würzige Linsen mit Garnelen 38
Gazpacho, Gekühlte Soba-Nudeln mit Gazpacho 52
Gelee
  Grünteegelee mit Grapefruit 173
  Grüntee-Sojamilch-Gelee 164
  Tomatengelee 164
Gobou (Klettenwurzel) 10
Goma (Sesam) 10
Grapefruit
  Grünteegelee mit Grapefruit 173
  Japanische Schollen-Ceviche mit Grapefruit und Rucola 85
Grüntee (siehe Tee) 15
Gurke
  Daikon-Gurken-Salat mit geräuchertem Lachs 88
  Eisgekühlte Miso-Suppe mit Tomaten, Auberginen und Gurke 108

**H**

Heidelbeeren, Gedämpfte Grüntee-Heidelbeer-Muffins 22
Hijiki (Seegras) 10
  Nudelsalat mit Spargel, grünen Bohnen und Hijiki 74
Himbeeren, Japanischer Reisbrei 19
Huhn
  Gemüsesalat mit Huhn und Sesam-Miso-Sauce 99
  Hühnersalat mit cremigem Tofudressing 99
  Kayu ländliche Art mit Huhn und Miso 140
  Miso-Hühnersuppe mit Lauch und Rübe 121
  Soba-Nudel-Salat mit Huhn und würzigem Miso-Dressing 96

**J**

Jakobsmuscheln
  Jakobsmuscheln mit Soba-Nudeln und Mizuna-Pesto 55
  Jakobsmuschel-Sashimi mit Salat 89
Japanischer Reisbrei 19

**K**

Kalmar
  Kalmarsalat mit Soja-Essig-Dressing 91
  Meeresfrüchte-Rucola-Domburi 37
Kanten (Agar-Agar) 10
Kartoffeln, Bunter Kartoffelsalat mit Minze-Soja-Dressing 73
Katsuo bushi (Bonito-Flocken) 13

Klettenwurzel (siehe Gobou) 10
  Spinat-Miso-Suppe mit Klettenwurzel
  und Pilzen 116
Kohl, Japanische Kohlröllchen 156
Kombu (Zuckerriementang) 13
Kome (Reis) 13
Konnyaku (»Teufelszunge«) 13
  Miso-Suppe mit Konnyaku 122
  Pikante Konnyaku-Würfel 161
Krabbenfleisch
  Bohnen-Krabbenfleisch-Domburi 37
  Kayu mit weißem Krabbenfleisch 143
  Sushi mit weißem Krabbenfleisch und
  Granatapfel 138
  Tofu-Krabben-Salat mit Wasabi-
  Dressing 80
Kürbis, Cremige Miso-Suppe mit
  gebackenem Kürbis 114

**L**
Lachs
  Daikon-Gurken-Salat mit geräuchertem
  Lachs 88
  Klassische Lachs-Sashimi mit
  Daikon-Salat 86
  Lachs-Furikake 65
  Lachstopf 152
  Miso-Suppe mit Lachs und feinem
  Sommergemüse 125
  Nudelsalat mit gesalzenem Lachs 88
  Räucherlachs-Sushi 134
Lachsrogen und Daikon auf Soba-Nudeln 58
Lauch, Miso-Hühnersuppe mit Lauch
  und Rübe 121
Linsen
  Warme Linsen mit Tofu und Spinat 40
  Würzige Linsen mit Garnelen 38
Lotoswurzel (siehe Renkon) 14

**M**
Mais
  Japanische Maissuppe mit Tofu 117
  Würzige Linsen mit Garnelen 38
Matcha (siehe Tee) 15
  Gedämpfte Grüntee-Heidelbeer-
  Muffins 22
  Grünteecreme 168
  Grünteegelee mit Grapefruit 173
  Grüntee-Milchshake 26
  Grüntee-Sojamilch-Gelee 164
  Grüntee-Sorbet 170
  Grüntee-Tofu-Smoothie 26
  Japanische Pilze mit Soba-Nudeln in
  Grünteebrühe 51
  Teepfannkuchen 173
Meerrettich (siehe Wasabi) 15
Mirin (süßer Reiswein) 13
Miso (fermentierte Sojabohnenpaste) 14
  Cremige Miso-Suppe mit gebackenem
  Kürbis 114
  Eisgekühlte Miso-Suppe mit Tomaten,
  Auberginen und Gurke 108
  Garnelen-Miso-Suppe mit Okraschoten 129
  Gebratene Sojabohnen mit Miso 43
  Kalte Miso-Pacho 110
  Kayu ländliche Art mit Huhn und Miso 140

Miso-Hühnersuppe mit Lauch
  und Rübe 121
Miso-Suppe 107
Miso-Suppe mit gegrillter Aubergine,
  Paprika und Ingwersenf 111
Miso-Suppe mit japanischen Pilzen 113
Miso-Suppe mit karamellisierten
  Zwiebeln und Tofu 120
Miso-Suppe mit Konnyaku 122
Miso-Suppe mit Lachs und feinem
  Sommergemüse 125
Miso-Suppe mit Konnyaku 122
Muschel-Miso-Suppe mit knusprigem
  Tofu 126
Spinat-Miso-Suppe mit Klettenwurzel
  und Pilzen 116
Tofu-Miso-Suppe mit Gemüse und
  Wakame 119
Wakame-Kayu mit Miso und Pilzen 142
Mizuna, Mizuna-Pesto 55
Muffins, Gedämpfte Grüntee-
  Heidelbeer-Muffins 22
Muscheln (siehe auch Jakobsmuscheln)
  Kayu mit Austern 144
  Muschel-Miso-Suppe mit knusprigem
  Tofu 126

**N**
Nori (Rotalgen) 14
  Gerolltes japanisches Omelett 25
  Nori-Rucola-Nudeln in Brühe 50
Nudeln (siehe Soba)

**O**
Okra
  Garnelen-Miso-Suppe mit Okraschoten 129
  Thunfisch-Okra-Domburi 38
Omelett, Gerolltes japanisches Omelett 25
Omusubi (Reisbällchen) 67
Orangen, Knusprige Ente mit
  Orangen-Kresse-Salat 103

**P**
Paprika
  Garnelen-Paprika-Salat mit
  Chili-Dressing 94
  Miso-Suppe mit gegrillter Aubergine,
  Paprika und Ingwersenf 111
Pfannkuchen
  Okonomiyaki 149
  Teepfannkuchen 173
  Zucchini-Okonomiyaki mit Thunfisch 150
Pilze
  Chili-Pilz-Domburi 34
  Japanische Pilze mit Soba-Nudeln in
  Grünteebrühe 51
  Miso-Suppe mit japanischen Pilzen 113
  Shiitake-Kayu mit Spinat 142
  Spinat-Miso-Suppe mit Klettenwurzel
  und Pilzen 116
  Wakame-Kayu mit Miso und Pilzen 142

**R**
Reis (siehe Kome) 13
  Adzuki-Reisbrei 20
  Chili-Pilz-Domburi 34
  Domburi mit Bohnen und Krabben-
  fleisch 37

Dorade auf Reis 147
Dreierlei-Bohnen-Suppe mit Reis 148
Eier-Spinat-Domburi 32
Garnelen-Ei-Kayu 143
Japanischer Reisbrei 19
Kayu ländliche Art mit Huhn und
  Miso 140
Kayu mit Austern 144
Kayu mit weißem Krabbenfleisch 143
Meeresfrüchte-Rucola-Domburi 37
Omusubi 67
Pikanter Naturreis mit Eierflaum 21
Reis-Chips 163
Shiitake-Kayu mit Spinat 142
Spargel-Sardellen-Domburi 31
Sushi-Reis richtig zubereiten 132
Thunfisch-Okra-Domburi 38
Wakame-Kayu mit Miso und Pilzen 142
Zucchini-Tomaten-Domburi 32
Reisessig (siehe Su) 15
Renkon (Lotoswurzel) 14
Rind
  Rinder-Carpaccio mit Aubergine und
  Ingwerdressing 100
  Rindfleisch mit Rucola und Grapefruit-
  Wasabi-Dressing 100
Rotalgen (siehe Nori) 14
Rucola
  Japanische Schollen-Ceviche mit
  Grapefruit und Rucola 85
  Meeresfrüchte-Rucola-Domburi 37
  Nori-Rucola-Nudeln in Brühe 50
  Rindfleisch mit Rucola und Grapefruit-
  Wasabi-Dressing 100

**S**
Sake (Reiswein) 14
Salat
  Bohnen-Sprossen-Salat mit
  Chili-Sesam-Dressing 75
  Bonito-Avocado-Salat mit Wasabi-
  Honig-Dressing 95
  Bunter Kartoffelsalat mit Minze-Soja-
  Dressing 73
  Daikon-Avocado-Salat mit
  Yuzu-Vinaigrette 79
  Daikon-Gurken-Salat mit geräuchertem
  Lachs 88
  Garnelen-Paprika-Salat mit
  Chili-Dressing 94
  Gemüsesalat mit gedämpfter Scholle
  und Tofudressing 155
  Gemüsesalat mit geräucherter
  Makrele und Miso-Sesam-Dressing 92
  Gemüsesalat mit Huhn und
  Sesam-Miso-Sauce 99
  Hühnersalat mit cremigem
  Tofudressing 99
  Jakobsmuschel-Sashimi mit Salat 89
  Japanische Schollen-Ceviche mit
  Grapefruit und Rucola 85
  Kalmarsalat mit Soja-Essig-Dressing 91
  Klassische Lachs-Sashimi mit
  Daikon-Salat 86
  Nudelsalat mit gesalzenem Lachs 88

Orangen-Kresse-Salat 103
Schneller Spitzkohlsalat mit süßer
Vinaigrette 76
Soba-Nudel-Salat mit Huhn und
würzigem Miso-Dressing 96
Tofu-Caesar-Salat 80
Tofu-Krabben-Salat mit Wasabi-
Dressing 80
Tofusalat 82
Sardellen, Spargel-Sardellen-Domburi 31
Sashimi
Jakobsmuschel-Sashimi mit Salat 89
Klassische Lachs-Sashimi mit
Daikon-Salat 86
Scholle
Gemüsesalat mit gedämpfter Scholle
und Tofudressing 155
Japanische Schollen-Ceviche
mit Grapefruit und Rucola 85
Schwein
Japanische Kohlröllchen 156
Miso-Suppe mit Konnyaku 122
Seegras (siehe Hijiki) 10
Sesam (siehe Goma) 10
Shoyu (Sojasauce) 14
Smoothies
Grüntee-Milchshake 26
Grüntee-Tofu-Smoothie 26
Tofu-Apfel-Smoothie 26
Tofu-Erdbeer-Smoothie 26
Soba (Buchweizennudeln) 14
Gegrillte Auberginen mit Daikon
auf Grüntee-Nudeln 49
Gekühlte Soba-Nudeln mit Gazpacho 52
Jakobsmuscheln mit Soba und
Mizuna-Pesto 55
Japanische Pilze mit Soba-Nudeln in
Grünteebrühe 51
Lachsrogen und Daikon auf
Soba-Nudeln 58
Nori-Rucola-Nudeln in Brühe 50
Nudelsalat mit gesalzenem Lachs 88
Nudelsalat mit Spargel, grünen Bohnen
und Hijiki 74
Soba-Nudel-Salat mit Huhn und
würzigem Miso-Dressing 96
Soba-Nudeln in Eierflaumbrühe 56
Soba-Nudeln mit Chinakohl und Tofu 44
Soba-Nudeln mit Umeboshi und
Brokkoli 46

Sobaghetti mit Brokkoli und Tofu 57
Wakame-Spinat-Nudeln mit Sesamdip 45
Sojabohnen
Gebratene Sojabohnen mit Miso 43
Sojabohnenpaste (siehe Miso) 14
Sojasauce (siehe Shoyu) 14
Spargel
Nudelsalat mit Spargel, grünen Bohnen
und Hijiki 74
Spargel-Sardellen-Domburi 31
Spinat
Eier-Spinat-Domburi 32
Shiitake-Kayu mit Spinat 142
Spinat-Miso-Suppe mit Klettenwurzel
und Pilzen 116
Wakame-Spinat-Nudeln mit Sesamdip 45
Warme Linsen mit Tofu und Spinat 40
Spitzkohl
Gemüsesalat mit Huhn und
Sesam-Miso-Sauce 99
Schneller Spitzkohlsalat mit süßer
Vinaigrette 76
Su (Reisessig) 15
Suppen
Dreierlei-Bohnen-Suppe mit Reis 148
Japanische Maissuppe mit Tofu 117
Lachstopf 152
Miso-Suppen (siehe Miso)
Tofusuppe 152
Sushi
Auberginen-Brokkoli-Sushi 133
Bambussprossen-Sushi 133
Gefüllte Sushis 64
Räucherlachs-Sushi 134
Sushi mit mariniertem Thunfisch 137
Sushi mit weißem Krabbenfleisch
und Granatapfel 138
Sushi-Reis richtig zubereiten 132
Sushi-Rollen 62
T
Takenoko (Bambussprossen) 15
Tee 15
Thunfisch
Bonito-Avocado-Salat mit Wasabi-
Honig-Dressing 95
Sushi mit mariniertem Thunfisch 137
Thunfisch-Okra-Domburi 38
Zucchini-Okonomiyaki mit Thunfisch 150
Tofu 15
Chili-Pilz-Domburi 34

Gefüllte Sushis 64
Gemüsesalat mit gedämpfter Scholle
und Tofudressing 155
Grüntee-Tofu-Smoothie 26
Japanische Maissuppe mit Tofu 117
Miso-Suppe mit karamellisierten
Zwiebeln und Tofu 120
Muschel-Miso-Suppe mit
knusprigem Tofu 126
Sobaghetti mit Brokkoli und Tofu 57
Soba-Nudeln mit Chinakohl und Tofu 44
Spanische Tofu-Tortilla 25
Tofu-Apfel-Smoothie 26
Tofu-Caesar-Salat 80
Tofu-Erdbeer-Smoothie 26
Tofu-Krabben-Salat mit Wasabi-Dressing 80
Tofu-Miso-Suppe mit Gemüse und
Wakame 119
Tofusalat 82
Tofusuppe 152
Warme Linsen mit Tofu und Spinat 40
Tomaten
Tomatengelee 164
Zucchini-Tomaten-Domburi 32
Tortilla, Spanische Tofu-Tortilla 25
U
Umeboshi, Soba-Nudeln mit Umeboshi
und Brokkoli 46
W
Wakame (Braunalge) 15
Tofu-Miso-Suppe mit Gemüse
und Wakame 119
Wakame-Grüntee-Furikake 65
Wakame-Kayu mit Miso und Pilzen 142
Wakame-Spinat-Nudeln mit Sesamdip 45
Wasabi (japanischer grüner Meerrettich) 15
Wassermelonenwürfel 170
Weiße Rüben, Miso-Hühner-Suppe
mit Lauch und Rübe 121
Y, Z
Yuzu (japanische Zitrusfrucht) 15
Yuzu-Vinaigrette 79
Zucchini
Zucchini-Okonomiyaki mit Thunfisch 150
Zucchini-Tomaten-Domburi 32
Zuckerriementang (siehe Kombu) 13
Zwiebeln, Miso-Suppe mit
karamellisierten Zwiebeln und Tofu 120

# Internet

Sollten Sie Schwierigkeiten haben, alle
Zutaten in Ihrer Stadt zu finden: Im Internet
gibt es zahlreiche Versender, die Ihnen die
Ware direkt nach Hause liefern!